Michael Stein
»Ich bin Buddhist, und Sie sind eine Illusion«

Michael Stein, geboren 1952, war Drucker, kehrte der Welt der Arbeit den Rücken und wurde Sänger, Dichter und Vortragender. Er war Mitbegründer der »Höhnenden Wochenschau«, die Mutter aller Lesebühnen, er bestritt zusammen mit Wiglaf Droste das Benno-Ohnesorg-Theater und war an so ziemlich allen Lesebühnen Berlins beteiligt. Am 23. Oktober 2007 starb Michael Stein an Lungenkrebs. Zu seiner Beerdigung am 20. November kamen über 250 Menschen.

Edition
TIAMAT
Deutsche Erstveröffentlichung
Herausgeber:
Klaus Bittermann
1. Auflage: Berlin 2008

www.edition-tiamat.de
Druck: Wilfried Niederland
Buchumschlag unter Verwendung eines Fotos von
Uwe Hassel-Jahnkow
ISBN: 3-89320-124-6

Michael Stein

»Ich bin Buddhist und Sie sind eine Illusion«

Herausgegeben von
Klaus Bittermann

Mit dem Krimihörspiel
»Pointer und die Herren im Dunkeln«

Fotos von Eva Bertram

Beiträge von:
Ahne, Bong Boeldicke, Daniela Böhle, Wiglaf Droste,
Jakob Hein, Nils Heinrich, Falko Hennig,
Manfred Maurenbrecher, Klaus Nothnagel, Dan Richter,
Jörg Schröder & Barbara Kalender, Dr. Seltsam,
Heiko Werning

Critica
Diabolis
159

Edition
TIAMAT

»Laßt mich hier liegen. Ohne mich schafft ihrs vielleicht.«
»Nein Jack, auf keinen Fall.«
»Doch, haut ab.«
»Na gut.«
»Ey, ihr könnt mich doch hier nicht einfach liegen lassen.«

Michael Stein

»Gewalt ist beschleunigter Dialog.«

Michael Stein

»Ich bin Buddhist, und Sie sind eine Illusion.«

Michael Stein zu den Fahrkartenkontrollettis

INHALT

Jakob Hein
Letzte laut gesprochene Worte // 7

Texte von Michael Stein

Gebet gegen die Arbeit // 15
Liebesbriefe an Eva // 16
Zusammen mit Wiglaf Droste:
Drecksäcke bekennen: »Ich bin ein Berliner!« // 25
Ich war der Mann hinter Till Meyer! // 34
Barfuß im Schuh // 41
Ode an den Hund // 43
Rein kommen sie immer // 44
Tauben Tauben Tauben // 45
Assellamento I // 48
Assellamento II // 52
Assellamento III // 57
Meine Höhepunkte 90/91 // 62
Was sozial Sinnvolles // 70
Mike Hummer // 72
Als ich ein Genie wurde // 75
Ich bin ein Künstler // 77
Dan Richter im Gespräch mit Michael Stein
»Selber die Situationen schaffen, über die man schreibt« // 82

Texte über Michael Stein

Jakob Hein
Stein – was // 91

Wiglaf Droste
Durch die Zone // 95

Daniela Böhle
Auftritt in Amsterdam // 110

Ahne
Zwiegespräche mit Gott – Heute: Stein // 114

Falko Hennig
Wie Stein einmal fast überführt worden wäre // 116

Klaus Nothnagel
»Ich will Ost-Fotzen!« – 121

Dr. Seltsam
Jeder Text ein Angriff – 126

Jörg Schröder & Barbara Kalender
Michael Steins rote Raupen // 132

Manfred Maurenbrecher
Frühere Jahre // 139

Nils Heinrich
Der Beginn einer großen Bewegung // 144

Heiko Werning
Einen Schritt weiter // 149

Bong Boeldicke
Und dann kommt der Hammer... // 157

Die Autoren // 163

Zugabe:
Kriminalhörspiel auf CD

»Pointer und die Herren im Dunkeln«

Letzte laut gesprochene Worte

Rede auf der Beerdigung Michael Steins am 20. November 2007

Jakob Hein

Nicht dass du mich für verrückt hältst, ich spreche nicht mit einer Urne oder einem Foto, das fände ich peinlich. Schon gar nicht spreche ich mit einem Haufen Asche, dessen Herkunft ich nicht eindeutig nachvollziehen kann oder möchte. Solche am Ding festgemachten Rituale sind mir vollkommen fremd. Nein, ich spreche einfach mit Dir, Stein. Ehrlich Michael, ich bin schwer enttäuscht. Als sie damals nicht abwarten konnten, dass der Papst starb und in den Zeitungen schon der Fahrplan für jede Minute nach seinem Tod veröffentlicht wurde, hatte man den Eindruck, sie würden sich wünschen, den Zeitpunkt bestimmen zu können, wenn dies nicht genau das Gegenteil von dem wäre, was sie erlauben, da habe ich mir Gedanken darüber gemacht, was eigentlich passieren würde, wenn ich sterbe. Das war damals keine depressive Grübelei, sondern eher eine amüsante Suche nach Parallelen. Meine Vorstellungen blieben weitgehend unklar, deutlich sah ich nur Dich auf der Reformbühne und später bei meiner Totenfeier stehen, wie du mit ausgesuchten

Geschmacklosigkeiten die Unerträglichkeit der Veranstaltungen zerstören würdest. Der Gedanke hat mich immer amüsiert und es ist ausgesprochen schade, dass du dich dieser Verpflichtung jetzt so früh entzogen hast.

Das hier ist schwer zu machen, ohne dass man in Klischees abgleitet und der einzige, der mich vor dem Schlimmsten retten könnte, der das Ganze hier mit ein bisschen Haltung begleiten könnte, ist leider gerade gestorben. Trotzdem will ich sagen, dass die Toten immer bei mir sind. Mehr als die Lebenden begleiten sie jeden meiner Schritte. Es sind viele, manchmal komme ich mir vor, als würde ich mittlerweile meine eigene kleine Bande sein. Mit zehn, zwölf Leuten laufen wir herum, wenn ich allein durch die Straßen gehe. Meine Mutter ist natürlich dabei, Ebony, mein Großvater und einige Patienten, mit denen ich als einer der letzten gesprochen habe.

Die Lebenden sind ganz bei sich, die Lebenden können sich um sich selbst kümmern, zumindest insofern sie auch noch sagen können, dass sie sich nicht um sich selbst kümmern können und Hilfe brauchen. Ob ich bei ihnen bin oder nicht, macht für die Lebenden keinen großen Unterschied. Wenn ich sie sehen will, fahre ich sie einfach besuchen. Aber die Toten sind ganz allein für sich auf dieser Welt. Ohne mich gibt es sie nicht oder zumindest gibt es ohne mich nicht den Teil von ihnen, den ich in mir trage. Deshalb kann ich die Lebenden manchmal vergessen, aber die Toten sind immer präsent. Ihr Auftrag an mich ist niemals erfüllt, meine Verantwortung groß. Wir werden geboren, um zu sterben, aber wir sterben, um in anderen weiterzuleben. So empfinde ich es als ganz natürlich, mit den Toten zu reden, es gibt immer viel zu besprechen, endlose Diskussionen, weil mich die Toten auf meinem Weg durchs Leben begleiten und standfest bei ihrer Meinung bleiben, während sich meine durch das Leben verändert.

Ebony hat immer gesagt, ich sei der normalste Mensch, den sie kennen würde und je normaler ich werde, desto öfter entschuldige ich mich bei Ebony. Ich will sie manchmal anrufen, um ihr zu sagen, dass ich in der nächsten Woche nach Mannheim oder Peking fahre, und ob sie dort einen botanischen Garten kennt. Meine Mutter hat immer gesagt, ich würde später Kinder haben. Ich frage mich oft, warum sie noch nie vorbeigekommen ist, um uns mal zu besuchen.

Der Neueste in meiner Bande bist du, Stein. Du warst kein Mensch, den man langsam kennen lernte. Du warst plötzlich immer schon da gewesen und man hatte dich nach einem ersten Treffen schon immer geliebt oder man hatte dich schon immer gehasst. Zweiradfahrer, hast du einmal gesagt, hieltest du für prinzipiell politisch unzuverlässig und ich denke fast täglich daran, kritisch und selbstkritisch, wenn ich auf dem Fahrrad sitzend von einem Motorradfahrer überholt werde.

Aber deine wichtigste Frage ist mir die nach den Konventionen geblieben, in der Kunst und im Leben, denn du warst der unkonventionellste Mensch, den ich kannte. Du konntest sehr gut schreiben, du warst ein sehr guter Musiker, du warst ein begnadeter Komiker und doch hast du es abgelehnt, auch nur einen dieser Wege zu gehen. Am meisten hast du dich mit den Erwartungen anderer Menschen an dich beschäftigt. Welche Art von Text wollen sie hören, welcher Witz würde jetzt die meisten Lacher bringen, mit welchem Lied könnte man den Saal zum Kochen bringen? Und dann hast du versucht, das Gegenteil zu machen. Später wurde es dann komplizierter, denn was konntest du machen, als alle von dir das Gegenteil erwarteten? Das Eigentliche zu machen, wäre dir eine zu einfache Lösung gewesen, du versuchtest, das gezielte Nichts oder irgendetwas zu machen, das niemand erwartet hätte.

Die Konventionalität ist der stille Dämon jeden Künstlers. Wenn man nicht überzeugt ist, irgendetwas Neues machen zu können, wäre eine künstlerische Betätigung sinnlos. Und dennoch schnitzt man das Neue mit den alten Messern, variiert und spielt mit den alten Formen. Man kann sprachliche Wendungen verändern und benutzt sie doch. Man kann die Formensprache des Kubismus parodieren und benutzt sie doch. Man kann eine schnellere und härtere Musik als alles bisher Dagewesene spielen und bezieht sich doch auf eben all das bisher da Gewesene. Aber wie soll man sich mit alten Flugzeugen neue Galaxien erobern? Und was ist mit dem Publikum? Hat man kein Publikum, ist die künstlerische Existenz in Frage gestellt, mindestens ökonomisch, viele radikale Neuerer haben das erfahren müssen. Doch man kann sich trösten, dass die Zeit noch kommen wird, dass alle anderen zu dumm sind, dass bald der Durchbruch gelingen wird.

Aber ein Bühnenkünstler existiert praktisch nicht ohne Publikum. Der Erfolg des Bühnenkünstlers beim Publikum wird umso größer sein, je weniger Neues er zeigt – und je mehr Innovation er ausprobiert, desto weniger Publikum wird er haben, bis zu dem Punkt, wo er das Publikum gänzlich verliert und sich vom Bühnen- zum Wohnzimmerkünstler verwandelt und letztendlich gescheitert ist. Es war genau diese Unmöglichkeit, die du versucht hast. Denn der Kampf gegen die Konventionen war der Weg deines Lebens. Das war Zeit deines Lebens schwer auszuhalten. Gern gestand man dir zu, Neues auszuprobieren, aber was du gegen die Konventionalität einer gesicherten Existenz, gegen die Konventionalität von Anerkennung hattest, das war für viele nicht nachzuvollziehen.

Als ich einmal etwas über Arbeitssucht machte, las ich erstmalig von einer speziellen Unterform dieses Zustandes. Es handelt sich dabei um Menschen, die von sich wissen, dass sie arbeitssüchtig sind und deshalb jegliche geregelte Arbeit vermeiden, da sie wissen, nicht auf gesunde Art damit umgehen zu können. Ich habe Dir damals davon erzählt und wollte wissen, was du davon hältst, ob du so grinst, wie nur du grinsen konntest und die Sache bei einem deiner nächsten Auftritte verwenden würdest. Ganz ernst hast du mich angesehen und gesagt, du könntest dir so was schon vorstellen bei dir.

Und sind es nicht letztendlich immer wir selbst, mit denen wir die größten, ernsthaftesten und schwersten Kämpfe unseres Lebens ausfechten? Die anderen Leute, ob sie nun vor uns in einem Publikum, vor unserem Text in ihrer Küche, vor uns in der U-Bahn mit ihrem lächerlichen Kontrolleursausweis, mit Uniform und Dienstwaffe oder hinter ihrem Schreibtisch in irgendeinem Amt sitzen, diese Leute sind doch nicht wichtig für uns.

Und die geheime Wahrheit ist, lieber Michael, die ganz geheime, niemals laut ausgesprochene Wahrheit, dass sich dein ständiger Kampf daraus speiste, dass du so ein furchtbar netter Mensch warst. Du warst so aufmerksam und verständnisvoll und ein liebender Vater. Aber niemals hättest du dir gestattet, dies sozusagen offen zu leben. Warum sollte ein echter Faulpelz so ein schönes Gedicht gegen die Arbeit schreiben und es unermüdlich, immer wieder vortragen? Warum sollte ein echter Misanthrop mehrmals wöchentlich auf öffentlichen Bühnen auftreten? Eine gezielte Beleidigung, die bewusst gezogene Distanz, der Trinkexzess an der genau falschen Stelle gehörten einfach dazu.

Doch auch wenn es einen Grund gibt, warum du geworden bist, wie du warst, so ändert es doch nichts daran, dass niemand auch nur annähernd so konsequent wie du warst. Sicher gab es auch Gründe, warum David gegen Goliath antrat, warum Odysseus niemals seine Reise nach Hause abbrach. Und doch können Erklärungen ihre Taten nicht schmälern. Du warst einer der talentiertesten Künstler in unserer Mitte und doch hast du nicht das getan, was du für Geld und Erfolg hättest tun müssen, ebenso wie du einer der lebenslustigsten, ja lebenshungrigsten Menschen in unserer Mitte warst und doch hast du nicht das getan, was die anderen gesagt haben, du mit deiner Gesundheit zu tun hättest. Und so wie das eine konnten auch das andere die meisten kaum aushalten.

In deinen Tod hast du das Geheimnis mitgenommen, ob du die Auftritte der letzten Jahre zur Spiritualität, zum Buddhismus, zu Atemtechniken und dem rechten Glauben in einer Art göttlichen Weisheit gemacht hast oder ob es ein Langzeitprojekt von dir war, mit dem du wieder einmal versuchen würdest, an die Grenzen dessen zu gelangen, was auf den Lesebühnen möglich ist. Aber es ist schon geheimnisvoll, dass du deinen frühen Tod ausgerechnet im Saarland gestorben bist, ausgerechnet zu einem Zeitpunkt, als sich eine große Zahl von Menschen zu dir aufmachen wollte, als es begann, einigermaßen kompliziert zu werden, und es ist eine deiner letzten widersprüchlichen Gesten, dass ausgerechnet du deinen letzten Tag so ausgesprochen kommod für alle gewählt hast.

Niemand weiß, was nach dem Tod kommt, weil, wie meine Mutter gesagt hat, ja schließlich noch niemand von dort zurückgekommen ist. Die Vorstellung, dass es tatsächlich eine Art von Himmel gibt, macht mich ungeheuer heiter. Denn ich habe keine Zweifel daran, dass du dort hingehören würdest und dich genauso dort benehmen würdest, wie du es hier getan hast. Und dann denke ich mir, wie du nach einer kurzen Zeit eigenen Erstaunens Dich dann aufmachen würdest, um den ganzen Scheinheiligen dort gehörig in die Suppe zu spucken, mit aller Macht versuchen würdest, ein Ticket nach unten zu buchen, natürlich ohne zu bezahlen.

Du merkst, du bist immer noch unvergleichlich präsent und so will ich nicht schließen, sondern deiner letzten, oft wiederholten Aufforderung folgen und nun eine Pause machen. Du wolltest das immer als einen Aufruf zur Besinnung verstanden wissen und ich wünsche mir, dass wir nun alle einen kurzen Moment Pause machen und uns an einen Michael-Stein-Moment in unserem Leben erinnern. Denn nun bist du nur noch die Summe unserer Erinnerungen und ich wünsche mir, uns allen und dir, Michael, dass diese Summe gebührend groß ist.

Texte von

Michael Stein

Gebet gegen die Arbeit

Arbeit!
Geißel der Menschheit!
Verflucht seist du bis ans Ende aller Tage
Du, die du uns Elend bringst und Not
Uns zu Krüppeln machst und zu Idioten
Uns schlechte Laune schaffst und unnütz
Zwietracht säst
Uns den Tag raubst und die Nacht
Verflucht seist du
Verflucht
In Ewigkeit
Amen

Ende 1987, Anfang 1988

Liebesbriefe an Eva

Diesmal sende ich dir keine Tropfen meiner Sehnsucht
keine Flecken zeugen
nur Buchstaben perlen aufs Papier
keine Typen zeugen
von dem, wo die Sprache versagt
nur ein Testtip auf der TIPPA 1 von TRIUMPH
welche mich hundert Mark gekostet
und deren Premiere Dir gilt
jener deretwegen ich
wieder schreiben kann will und muß
du mein Musenkuß
alles Schmus
aber wahr
echt
!
nun
es scheint als saugte ich Dich aus
als ob alles was mich treibt Dir entzogen sei
je mehr ich tue desto ausgequetschter die Zitrone
und irgendwann werf ich die Schale weg
so siehst Du es
mag sein, daß der Schein
trügt oder nicht
kümmere Dich nicht drum
es sind nur Gedanken
und das hier ein Testtip auf der TIPPA 1 von TRIUMPH

Den Arsch hochzukriegen ist leichter als man denkt. Es empfiehlt sich nur, nicht gebannt darauf zu starren, ob es gelingt. Ich schreibe blablabla, aber das liegt daran, daß zwischen mir und dem Papier eine Maschine ist – klackklackklack, zwischen Dir und mir ist Briefpapier, dein Ton am Telefon, meiner auch. Jeder Versuch, Dir nahe zu sein, scheint zu scheitern. Postliebe. Es kotzt mich an.

Ich schreibe wie ein Besessener an POINTER, der Rettung bringen soll, eine Pointer angemessene Funktion.

Halte mich ruhig für einen Träumer.

Meine Herzallerliebste steigert sich in eine tiefe Depression, die davon kommt, wenn niemand neben einem liegt und man sich das Frühstück immer selber machen muß.

Ich nehme meine Depressionen immer sehr ernst und es liegt mir fern, Dich zu beruhigen. Es ist eher eine Hilflosigkeit meinerseits, die Deiner Stimmung die Vehemenz nehmen will, ich kann Dich nicht umarmen, Dich küssen, umfassen, ein Wiegenlied singen oder den Arsch versohlen. Ich bin verrückt nach Dir und in Berlin.

* * *

Ich hasse diese Wohnung, ich hasse die ganze Situation. Hier stürzt gerade eine Batterie Flaschen um, aus Langeweile oder weil sie mich nerven wollen, die Flaschen. Das Licht im Hof ist so düster, daß kaum was davon in die Küche fällt. Ich sollte brüllen. Ich bin absolut geladen, aber brüllen ist so nutzlos und Geld kommt davon nicht, und nichts kommt davon, außer daß ich etwas ruhiger bin danach. Die Bude anstecken, dann wär ich befreit, aber die Manuskripte wäre ich dann auch los, und erst die Manuskripte einsammeln und dann zündeln, geht nicht, und die Maschine ist auch scheiße, zu langsam, zu störrisch, sie will nicht so wie ich. Also Feuer geht nur aus der momentanen Wut, und ich sollte die Maschine aus dem geschlossenen Küchenfenster werfen, dieses Scheißteil.

Immerhin bin ich jetzt wütend, das ist besser als deprimiert, und seit gestern geht das die ganze Zeit so, latent deprimiert. Diese scheißgraue Stadt, dieses Pißnest, kalt farblos und teuer. Die Kontis haben jetzt eine neue Taktik. Sie steigen kurz in den Zug, um dann gleich wieder rauszugehen und die Flüchtenden abzugreifen (die andern warten schon auf dem Bahnhof hinter Säulen), dabei lassen sie mindestens eine Tür frei, damit ein »Fluchtweg« bleibt. Die Geldgier bezahlt blauuniformierte Berliner ordentliche Staatsbürger, die sich nichts zuschulden kommen lassen und immer sachlich bleiben, aber WIR haben die Intelligenz auf unsrer Seite und die maßlose Arroganz gegenüber dem, was da kreucht. Wir könnten es zertreten wie Würmer, aber das Zeug klebt dann im Profil der Sohlen und man hätte nur Scherereien. Deshalb machen wir es nicht, solange wir keine Spezialsohlen haben. Diese Dreckstadt. Aber MICH haben sie nicht gekriegt mit ihrer blöden Masche. Aber diese Drecksstadt macht mich trotzdem fertig. Ödnis und Ödnis und alles geht seinen Gang wie jeden Tag. Es läuft wie geschmiert, und die, die Arbeit haben, verrichten ihr Geschäft, und es stinkt buchstäblich zum Himmel, dieses Pack und seine Verrichtungen, und jeder ist legitimiert, das ohne Nachdenken zu tun, weil es sich um ARBEIT handelt, um einen Wert an sich in den Köpfen derer, die Arbeit verrichten und damit eine Gier befriedigen, die Gier des Geldes auf sich selbst. Doch dazu braucht es wie jeder Virus einen Wirt, Millionen Wirtskörper, Gewürm, und wir haben keine richtigen Schuhsohlen.

Aber es ist wahrscheinlich doch nur das Wetter und das Licht und die triste Wohnung, denn es gibt Tage, da läßt es sich leben hier. Ich hab's bloß vergessen. Heute ist es gräuslich kalt, die Wut ist weg, die Depression bleibt. Ich hör mal auf. Die Seite ist eh voll...

Nein, ich schreibe Dir noch von meiner SCHEUSSLICHEN SEHNSUCHT, die mich sofort überkommt, wenn ich die Maschine wegstellen will. Die Tipperei betäubt mich, es ist wie Zeit totschlagen mit einer primitiven manuellen Beschäftigung. Die Typen hämmern mir die Sentimentalität aus dem Schädel, die Bilder, und dann muß ich auch noch korrigieren und schon sind die Gedanken wieder weggewischt, die scheußliche Sehnsucht versteckt sich vor dem rhythmischen Lärm TAMARAS, vor deren aufdringlicher Forderung nach Aufmerksamkeit.

Eben war ich draußen, auf der Post, Briefmarken holen. Es ist nicht wirklich kalt, es regnet, aber ein starker Wind bläst Dir die +1 Grad unter die Wäsche, was sehr unangenehm ist. Die Hermannstraße war lückenlos von Autos durchzogen, die meisten natürlich nur mit einem Benutzer. Sie rasten spritzend durch den Nieselregen, wenn sich eine kleine Lücke zum Rasen ergab, noch schnell 20 Meter über die Kreuzung, dann Vollbremsung, Wutgehupe bei einem falschen Linksabbieger, ansonsten stop and go, keine Chance, ohne Ampel über die Straße zu kommen, jeder Zentimeter okkupiert. Ein riesiger Haufen Vollidioten. Ich wünsche, daß sie an den Ratenzahlungen für ihre gewienerten Bleche zugrunde gehen. Nichts wäre schöner, als wenn es 10 Millionen und mehr Arbeitslose gäbe, die ihre Raten nicht mehr zahlen können, ihre Wohnung verlieren und ihre Ehen zerrütten, damit sie in ihrer Einsamkeit sich jämmerlich zu Tode saufen, ein Häufchen Elend, der Familienvater aufgedunsen, weinerlich nach ein paar Groschen fragend, von seiner Alten verachtet, die er haßt, weil er ihre Lockenwickler haßt, ihren verfetteten Körper, ihre blutunterlaufenen Augen und dafür, daß sie ihn verachtet. Er wird sie totschlagen irgendwann, oder sie wird ihn anzünden, wenn er schläft, und ein paar von den Tieren lesen davon am nächsten Morgen in der *Bild*, und sie werden es ihnen gleichtun, wenn sie die Strafe nicht mehr schreckt, aber wer so wenig Hirn hat, denkt nicht an morgen. So wie sie alles zertrampeln, zertrampeln sie auch sich selbst, Schafe und Kläffer in einem, eine kuhäugige blöde Masse Fleisch. Warum soll man eigentlich nicht CDU wählen?

Da ich annehme, daß das beim besten Willen kein Liebesbrief wird, höre ich jetzt auf...

Der Herrfurthplatz sieht wunderschön aus mit dem Neuschnee, die Geräusche sind gedämpfter als sonst und ich muß doppelt so viel Kohlen verheizen.

Als ich Dich vorhin in einem Anfall, in einer Art geballtem, nicht in Worte zu fassenden Sehnsuchtsschock anrief und Du nicht da warst, hatte ich plötzlich die Idee, daß Du auf dem Weg nach Berlin wärst.

Eine teuflische Idee, die mich nicht mehr los läßt; da Du immer noch nicht zu erreichen bist, festigt sich die Vorstellung, daß Du heute abend in Berlin sein wirst, und wenn Du nicht kommst, ist das total blöde wegen der Enttäuschung, und jetzt schlägt bei dem Gedanken an Deine Ankunft mein Herz höherfrequenzig und gleichzeitig wächst die Enttäuschung. Wie konntest Du nur nicht zu Hause sein und mich in solche Erregung stürzen.

Du bist nicht gekommen, und der Schnee ist auch nicht mehr da. Nur ich stocknüchtern, und draußen tropft es in der Nacht.

Scheiße, die Mangelzustände, aber Hunger ist der beste Antreiber.

Scheiße.

Ich notiere: Es ist nicht zum Aushalten immer wieder. Ich will Dich.

Ich notiere: Es ist nicht zum Aushalten. Hast Du verstanden?

* * *

Fremde Schöne, Du betörst mich sehr
SÜLZKARTOFFEL SÜSSHOLZRASPEL

Ich sing Dir zarte Liebesweisen
Die Dir um die Möse kreisen
(es scheint, mir will der Vers entgleisen)

meiner Sehnsucht wie zur Zierde
wächst Tag für Tag meine Begierde
oh Fremde Schöne Du betörst
mich süßholzraspelnd Sülzkartoffel
und mitten in der laberblauen Minne
oh Fremde Schöne
halt ich wichsend inne
muß Dich so richtig ficken
Ah Spriiitz!
Deine Beine breit
Dein Zucken geil
Ich pack Dich fest am Hinterteil
Stoß tief in Deine Votze rein
Ich fick Dich tot
So wahr ich bin

Es wird allerhöchste Zeit
Ich komme

* * *

Treib, was Du willst, mit wem Du willst, wohin Du willst und bleib mir treu ergeben. Weder das eine noch das andere will ich. Ich will Dich (es ist berauschend, was in dem Satz »Ich will Dich« drinsteckt – allein schon die drei »i« als einzige Vokale, ich will Dich nach meinem Bilde formen, ich will Dich haben, ich will Dich zu mir machen und mich zu Dir und so weiter und jede Konkretion und Erweiterung von »Ich will Dich« ist eine Verdünnung und Verächtlichmachung der Sprache und das Berauschende an der Vielfältigkeit dieses Satzes lebt nicht in seiner sprachlichen Ausdeutung, sondern allein im Geräusch, in der Nähe zum Stammeln, das, was passiert, wenn das Herz überläuft und die Sinne kochen.)

Ich habe überhaupt keine Lust, Dir zu schreiben. Es ist nur furchtbar, schrecklich, entsetzlich. Drei Briefe hab ich Dir geschrieben, und sie taugen alle nichts.

Möglicherweise werde ich sterben.
Sterbenselend ist mir.
Ich kann nicht an Dich denken und mich daran freuen.
Haben will ich Dich.
Aber ich kann keine haben, die augenblicklich in der Krefelder Straße 22 ist.
Das ist verschissen noch mal zu geistig.

* * *

FÜR DICH UND IMMER FÜR DICH
Beim Suchen geeigneten Materials zum Bekritzeln stoße ich auf dieses Luftpostpapier für Jungs (blau) und sitze jetzt (bis gerade eben geschlafen – 13 Uhr, wollte nicht aus dem Bett, weil's so kalt ist, immer wieder eingeschlafen) mit Bademantel (nichts drunter) und Russenmütze (auch nichts drunter) vorm laufenden (eigentlich stehenden – besser: heizenden) Heizlüfter und zermartere meinen Kopf (nichts drin) über den zu schreibenden Brief. Am besten ich schreibe erstmal auf, was ich gestern zu Papier gebracht habe...

... ich sitze vor dem leeren Blatt (weiß) und die ganze Wirrnis und Hoffnungslosigkeit und Hoffnung, was wird, so viel verkorkst, und wie soll ich's schreiben, meine naiven Träume, und jedes Wort ließe sich zerlegen und vom Blatt fegen als untauglich. Vertrauen z.B. – leck mich am Arsch, ich leck Deine Votze. Begierde aber will noch viel mehr, der Wunsch nach Nähe, tiefe Gefühle nennt man das, und doch gibt's da die Geilheit, die Lust am Verrat, sonst wärst Du nicht so mißtrauisch, Du verdorbenes Luder. Gut sein ist ja auch sehr langweilig. Die guten Geschichten sind die mit den bösen Menschen, alles andere erscheint als Gefühlsduselei. Wie recht Du hast, aber das andere ist eben auch wahr. Ich erbärmliches Christenkind, ich wär so gern böse. Also verdammt noch mal, vertrau mir endlich. Ich bemüh mich nun wirklich, Dir die Wahrheit zu sagen, und wenn da Zweifel sind, sind's eben die an der eignen Unstetheit. Kann ich wissen, wer ich bin, immer mißtrauisch neben sich stehen und auf die eigene Dummheit stoßen. Aber das ist schon wieder lamentieren, siehst Du?

Glaube ja nicht, ich wäre unernst, da ich das schreibe. Dabei ist Unernst der beste Garant für kein Lamento. Ernste Worte verleiten oft zum Lachen, weil sie sind ja nun echt peinlich mangels Sprachgewalt, und die geht mir leiderleider immer noch ab. Also rette ich mich in Faxen (gestern nacht habe ich »Die Maßnahme« vom bedeutendsten deutschen Dramatiker des 20. Jahrhunderts gelesen – sowas peinliches ist mir selten in die Finger gekommen. An Brechts Stelle hätte ich untersagt, das Stück zu verlegen – die ganze marxistisch-leninistische Phraseologie in Versform. Hat er's ernst gemeint, der opportunistische Hund, oder war's gar teuflische Satire über den Stalinismus, B.B. der subtile Spötter). ...

Heute beim Aufstehen die unangenehme Entdeckung gemacht, daß die Zeit der Frostbeulen wieder im Kommen ist. Und draußen liegt noch nicht mal Schnee. Aber vielleicht fühlen sich meine Füße nur nicht genügend beachtet und wollen auf diese Art meine Zuneigung wekken. Meine geliebten Füße – was wäre ich ohne euch? Würdest Du mich auch ohne Füße lieben? Sei ehrlich! Und ohne Arme? Und ohne Schwanz? Und wenn ich gar nicht da wäre, würdest Du mich dann auch lieben?

Du siehst, ich will die Inkarnation Deiner Träume sein, obwohl dies unzweifelhaft den Nachteil hätte, keine Eigenständigkeit zu haben. Es hieße, mit Dir zu sterben – der Wunsch aller Liebenden –, aber vielleicht könnten wir uns über den Zeitpunkt verständigen, vorausgesetzt Du geständest mir die dazu nötige Eigenheit zu.

* * *

Ich könnte jetzt schon wieder an was ganz anderes denken als an Arbeit, Du bist einfach zu reizvoll, aber ich muß das abschalten, sonst klebe ich wieder den ganzen Tag an Dir mit meinen Phantasien und dann beneide ich mit Bauchgrimmen und Magenrotieren den werten G., der Dich ja doch nur ficken will, Herrgottnochmal, er wird's immer wieder versuchen und ich kann's ihm in Deinem Fall ja gar nicht verübeln. Ich verstehe Deine ganzen Verehrer nur zu gut, aber sie sollen ihre dreckigen Finger von Dir lassen, sonst passiert noch ein MASSA-KER... Also sag ihnen, ich lege sie alle um, jeden, wenn sie ihre unehrenhaften Absichten weiter verfolgen, DUMMES GELUMPE, die sind ja schlimmer als ICH es je sein könnte, GEILE BÖCKE, FICKTIERE, konditionierte SCHWANZPISSER, mir läuft schon das Blut aus'm Maul. Aber Deine Mutter sagte ja, das sei Paradontose.

Was ich sagen wollte: Bleibt als letztes, was die nächste Zeit ansteht, die Idee über ein Theater der Sabotage, verdeckte Inszenierungen auf der Straße, aber auch musikalische FAKES, oder so was wie die Story über die Siegessäule. Ist ja alles ein bißchen den Bach runtergegangen wegen SFB und ESSEN, aber es ist nach wie vor die Grundlage gewesen für die meisten meiner Vorhaben, auch das Performancekonzept hatte seinen Ursprung da drin. In diesem Rahmen denke ich auch an die REBMANN-Sache, z.B. eine Straßenaktion des CLUBS DER FREUNDE REBMANNS, Flugblätter werden verteilt, Reden gehalten, der Terror wird an die Wand gemalt und die Bürger werden aufgefordert, ihre Nächsten zu beobachten, um der Subversion keine Chance zu lassen. Melden Sie verdächtige Personen, merkwürdige Gebaren, es lebe der Polizist in jedem! Wir müssen wieder ein Volk von VÖLKISCHEN BEOBACHTERN werden!

Also überleg Dir was. Nutzen wir das Frühjahr in Berlin. Wir haben nicht ewig Zeit, ich noch weniger als du. Sei meine letzte Liebe. TUSCH!

Michael

Vorherige Seite: Bei Eva in der Saarbrücker Straße, 1994
Oben: Nach dem Baden in der Wohnung am Herrfurthplatz, 1987
Rechts: Küche in der Wartenburgstraße, Micha geht seine Notizen durch, wahrscheinlich 1989

Oben: Mit Tapeziertisch in der Weisestraße, 1986
Rechts: Michas Zimmer in der Wohnung am Herrfurthplatz, 1987
Unten: In der Küche am Herrfurthplatz, um 1987

TEXT+KRITIK
DIE NE
WILDEN

Oben: In Essen, 1987
Rechts: Aufnahme zum vorgetäuschten Anschlag auf die Siegessäule, 1987
der Attentäter zeigt, wo er die Bombe deponiert hat

Oben: Gitarre und Joint oder Zigarette, irgendwann zwischen 1987 und 1991, vielleicht war's im Zimmer des Bruders am Herrfurthplatz – oder ganz woanders.
Rechts: In der Volksbühne mit Wiglaf Droste (Benno Ohnesorg-Theater), ca. 1991

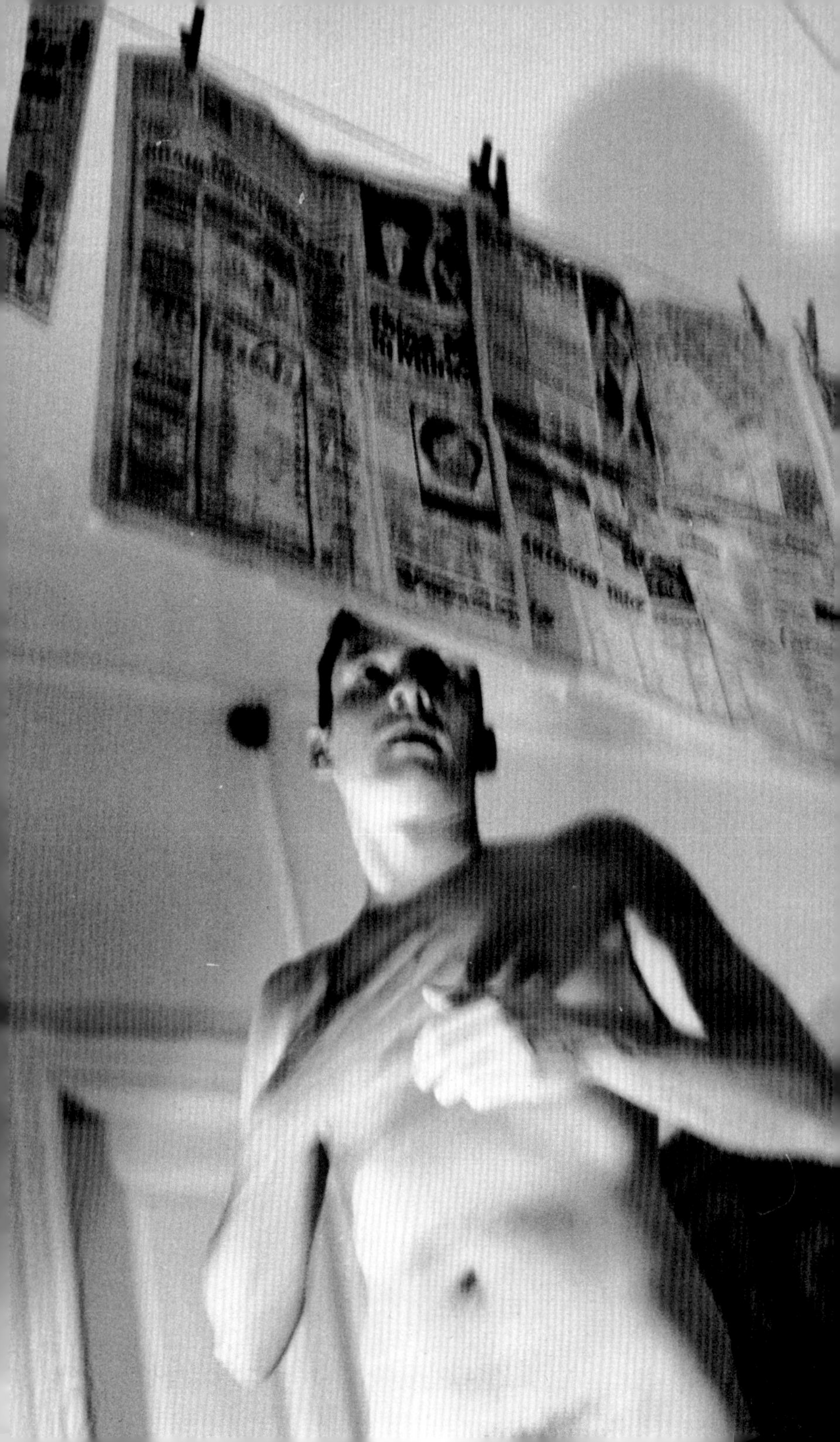

Links: Zeitung lesend, Herrfurthplatz, 1986
Oben und unten: In Evas Wohnung in der Weisestraße, Sommer1986

Oben: Wahrscheinlich 1991 am Hermannplatz
Rechts: Eines Morgens, 1993

Oben: Bei Eva in der Saarbrücker Straße, irgendwann zwischen 1996 und 2000
Rechts: In der Wanne, Wartenburgstraße, 1990
Nächste Seite: Bei Trödel-Erna in der Reuterstraße, um 1988

Titanic, Januar 1990

Drecksäcke bekennen:

»Ich bin ein Berliner!«

Zusammen mit Wiglaf Droste

Es waren »historische Tage« (Die Flaschenpost, *Husum) im November 1989: »Hau weg den Dreck! Hau weg den Dreck!«, drosch die junge Garde der Schultheiß-Berliner mit Vorschlaghämmern und Brechstangen auf den Wall ein, der den Rest der Welt bisher einigermaßen vor genau diesen Halb-Adolf-halb-Elvis-Figuren geschützt hatte. Zum dritten Mal nach 1914 und 1933 kannte dieses Land keine Parteien mehr, nur noch Deutsche. Bzw. in diesem ganz besonders unangenehmen Fall: nur noch Berliner-Innen. Ein Bericht von der Nationalen Front.*

Mensch Axel Cäsar, Du Julius Streicher des Boulevardjoumalismus, daß Du das nicht mehr erleben durftest: Dein Traum wurde wahr, Dein Reich kam. »Berlin ist wieder Berlin!« jubelten am 9. und 10. November unisono alle Blätter der Stadt, Deine *BZ* genauso wie die *taz.* Aus letzterer, seit dem Umzug am 17. Juni 1989 in Deiner Kochstraße als zwotes *Haus am Checkpoint Charlie* tätig, berichtet Gewährsfrau Kahnert: »Korken knallten, Tränen flossen, die Berlin-Redaktion lag sich ergriffen in den Armen.«

Die für »die Menschen in dieser Stadt« *(Der Stachel)*

so typische Mischung aus Kleingeist und Größenwahn brach sich umgreifend und ungebremst Bahn. Zum x-ten Mal wurden die »Völker der Welt« angeschnauzt: »Schaut auf diese Stadt!« Als ob es nicht anderes gäbe, als wildgewordenen Piefkes beim Wegtrinken ihres nach abgestandenem Harn schmeckenden Lieblingsbieres und dem anschließenden kollektiven An-die-Mauer-Schiffen zuzukucken.

Eine Stadt wirft alle Reste von Verstand von sich und ist selig. Es sind die Stunden und Tage der Jubelberliner, der ewigen Mitläufer und der kritischen Opportunisten. »9.11. – Ich war dabei!«, protzt es von einem eilig auf den Markt geworfenen T-Shirt. »Dabei« sind nicht nur DIE GRÜNEN im Bundestag, die beim halbverschämten Mitsingen der Nationalhymne am 9.11.89 zeigen, daß sie schon lange nicht mehr die sind, die sie nie waren; »dabei« sind am Brandenburger Tor auch etwa 15 schnittige Arschgesichter, ganz die fröhliche *Attika*-Clique, die es mit reichlich Champagner, einem Karton Sektkelchen und einer roten Designerfahne aus Satin zum Atem der Geschichte zieht. Yuppies als Junge Pioniere? Ach was: »Erst trinken wir den Champagner, und dann verbrennen wir die Fahne.«

Wann immer es für Feiglinge etwas zu feiern gab, der Berliner ist gern mit von der Partie gewesen. Am 9.11.1938 beim lustigen Judenjagen genauso wie beim geselligen Durchhalten rund um den Führerbunker im Frühjahr 1945. Der Typus des Berufsberliners, seit der angemessenen Teilung der Stadt in den Westsektoren zu voller Größe gedunsen, zeigt auch 1989, was in ihm steckt: nichts. »Die Mauer muß weg! Die Mauer muß weg!«, brüllt es automatistisch, dabei ist sie zu diesem Zeitpunkt längst weit offen. Sprichwörtlich schon liebt der Berliner die Freiheit; bevorzugt immer dann, wenn diese gratis zu haben und in der nach Haarfett und Herrengedeck miefenden Masse zu genießen ist; sie manifestiert sich beim Dosenwerfen auf und Beschimpfen von

Vopos, die leider nicht mehr schießen (dürfen) genauso wie beim Halbtotschlagen eines Rudi-Dutschke-Doppelgängers 20 Jahre zuvor.

»Deutschland! Deutschland! Freiheit! Freiheit!«: Dumm rumjubeln, natürlich auch noch einfallslos immer dasselbe, ist dem Berliner Neigung und Pflicht zugleich. Wehe, wer »in dieser Stunde« *(Die Zeit)* nicht sein Kerzlein für die Brüder und Schwestern im Fenster stehen, wer nicht ein gefühlsechtes »Wir haben achtundzwanzig Jahre lang darauf gewartet« parat hat. »Wer jetzt nicht mitzieht, der wird einsam sterben«, droht, frei nach Rilke und nur halb im Spaß, Hörfunk-Kollege Lutz Ehrlich. Auch die Hirne sonst zumindest partiell zurechnungsfähiger Charaktere sind bereits mit »Wahnsinn! Wahnsinn! Ich kanns kaum fassen!« gewaschen.

Gespräche über irgendetwas anderes als »Deutschland« bzw. »Berlin« werden rigoros verweigert oder herzlos abgewürgt; Nichtjubler werden roh ins soziale Aus gestoßen und zu einsamem Trinken verurteilt.

Übler noch ergeht es einem Grüppchen von Berliner Autonomen, die mit der ihnen eigenen ideologischen Klarheit – »Gegen alte und neue Nazis. Für Selbstbestimmung und Freie Fahrt zum Alex« – an das revolutionäre Bewußtsein der Arbeiterklasse ausgerechnet auf dem Kurfürstendamm appellieren und sich dabei keineswegs die Liebe des Proletariats, sondern im Gegenteil die Androhung von Schlägen zuziehen. Dem Herzenswunsch starker urberliner Kräfte, »die Chaoten da mal richtig in die Mangel nehmen« zu dürfen, kommen die eskortierenden Schutzmänner nicht nach; sie kosten vielmehr grinsend die schöne Gewißheit aus, so richtig gebraucht zu werden – und das von ihren erklärten, aufgrund der etwas delikaten Situation aber doch ziemlich zerknirschten Todfeinden.

Der Berliner (Ost) präsentiert sich, gemessen an seinem großen Bruder, geradezu rührend harmlos; als willkommener Anlaß der neu und extradick aufgetragenen Bulettenköpfigkeit des Daumen-hinterm-Hosenträger-Wurstberliners irrt er ohne Orientierung, aber unter strikter Einhaltung der Straßenverkehrsordnung – Sozialismus ist, wenn nur noch rote Ampeln die Volksmassen aufhalten können – »sehr sehr« (E. Krenz) bedächtig und immer in mindestens Skatclubstärke durch den Vorgarten Eden. Unvermittelt bleibt er stehen, saugt sich an Schaufenstern fest wie Familie Lungenfisch am Aquarium, um glupschäugig und mit kreisrund aufgeklapptem Maule andächtig auf all die Dinge zu stieren, mit denen die Freie-Fahrt-für-freie-Bürger-Bürger ihren von der Evolution mit Verstand und Herzensbildung großzügiger ausgestatteten Mitmenschen schon seit Jahrzehnten das Leben schwermachen. Stinkewasser wie *Poison* oder *Tosca,* auf der Liste der Menschenrechtsverletzungen ganz oben anzusiedeln, finden ebenso reißenden Absatz wie Folterutensilien aus der Nippes-Welt: Barometer im Kapitänslook, Tischuhren und Kleinbürgerbarock in jedweder Ausformung und Größe.

Erstaunlich auch die nach wie vor ungebrochene Gier nach der Südfrucht, speziell der Wille zur Banane. Westliche Propagandalügen und Billigklischees verblassen vor der Wirklichkeit: Kiloweise kaufen alpakaumhüllte, abgehärmte »Menschen« *(Der Spiegel)* das Schimpansenfutter und stopfen es ohne Rücksicht auf mangelnde Reife in sich hinein. Quietschgrün gehen die Dinger von der Hand des anatolischen Schacherers direkt in den Mund des Ostessers. »Denen wünsch' ich Dünnschiß, beide Hände ab und kein Papier«, quittiert Altmaoist Dr. Seltsam, der in den siebziger Jahren als »der Stalin von Bad Schwartau« zu trauriger Berühmtheit gelangte, verbittert diesen unwürdigen Anblick.

Weniger Abscheu, vielmehr Neugier und Erstaunen löst der Anblick leerer Fischstäbchenpackungen aus, die, wenn auch seltener als Bananenschalen, überall in der Stadt herumliegen; die Lösung des Rätsels bringt ein kurzes Gespräch mit der Kleinkonsumeinheit Brüsewitz (nicht verwandt mit Pfarrer Oskar, der legendären Fackel von Zeitz): »Erwin, sochich, das schmeckt abor gomisch, das isdoch nie und nimmor Aisgonfekt.« Erwins stoische Replik: »Aba gald isses schon.«

Rettungslos sind die Deutschen zweiter Klasse der als »Menschenliebe« *(Stern)* verpackten Großmannssucht und Prahlerei von Freiheitsberlinern ausgeliefert.

Mit großer Geste werden den Armenhäuslern Zehnmarkscheine, Negerküsse (im Ostjargon »Spreerosetten«), Ananasbomben, Kaugummis und stapelweise Springerpresse (Mensch Axel!) aufgenötigt, *Milka*-Tafeln werden hinter Scheibenwischer geklemmt, jede milde Gabe ein Ablaßzettel. Auch das rituelle *Trabbi*-Berühren und Ostlerstreicheln dient demselben schäbigen Zweck: so billig wie möglich das böse Gewissen entsorgen, die Ahnung vom Ausmaß der eigenen Verkommenheit verdrängen – während der weiße Westen den »Fasischiiiiismus« (E. Honecker) auf parlamentarische Demokratie umrüstete, kriegte die SBZ vom Iwan (»Uhri! Uhri!«) die volle Kriegskostenrechnung aufgebrummt.

Die »vier Tage im November« (Stefan Heym in *Geo*) erzeugten in empfindsameren Berlininsassen den einen Alptraum: Auf dem Weg in die sichere Wohnung wird man, zehn Meter vor der eigenen Haustür, in allerletzter Sekunde quasi, von einem Trupp jovial grinsender Westberliner irrtümlich für einen »Ey kieka, ‘n Zoni« gehalten und gestellt; alle Beteuerungen, daß man hier wohne und auf keinen Fall von drüben komme, werden schlicht ignoriert oder mit einem »Ach watt, Männeken, dett is doch keene Schande, brauchste dir doch nich scheniern« beiseite gefegt; nach dem Prinzip der Inquisition wird jedes Abstreiten als Schuldgeständnis gewertet, es gibt keinen Ausweg, die Kapitulation ist unausweichlich, irgendwann fügt man sich, läßt sich willenlos in eine fremde Wohnung mitnehmen und alle Gratifikationen der freien Welt über sich ergehen. Natürlich gibt es nichts geschenkt, die Wohltäter pochen auf exzessivste Dankbarkeitsbezeugungen; Schmeicheleien können gar nicht verlogen genug ausfallen. An das Vollgeprügeltwerden mit verhaßten Nahrungs- und Genußmitteln wie Schweinskopfsülze und Mampe halb & halb schließt sich die rippenstoßende Einladung zu »ner juten Zijarre« und einer »ditt is echt scharf«en privaten Videovorführung an: Manne und Helja janz intim.

»Es war nicht der Champagner, der sie trunken machte, es war die Freiheit«, tönte doppelt falsch die *Bunte;* für Ostler hatte es von Anfang an nur *Faber* gegeben, und nach ein paar Tagen gab es nicht einmal mehr den. Denn kaum hatte sich der angestaute Drang, in Horden »Deutschland! Deutschland!« (Dieter Kürten) zu brüllen, entladen, kaum hatten Millionen von »Kronzeugen für das Scheitern des Sozialismus« *(Tempo)* ihre mit 100 DM dotierte Schuldigkeit getan, schrumpfte das Berliner Wesen wieder auf normales Miesepeterformat zusammen. Piefke maulte. Das sackförmige, in Jogginghose und Schweißhemd gezwängte Geschwisterpaar, das bei einem Neuköllner Italiener wagenradgroße Pizzen verschlang, meckerte schmatzend über die bucklige Verwandtschaft aus dem Osten, die nicht augenblicklich das Begrüßungsgeld abgeliefert hatte. Jahrelang Päckchen jepackt und Jeld jejehm, und det is nu der Dank für allet. Aber so sindse.« – »Naja, wa, ick habse jesacht, brauchta nich mehr komm, wa, erst durchfüttern lassen die Jahre und denn ooch noch hier wohn' wollen, mit Vollpangsion, und det allet fürn waam Händedruck – heissick vülleich Onassis oder wat?«

Gepeinigt von der ihm nasse Angstfürze in die *Schiesser-Feinripp* – Größe 10 mit Eingriff – jagenden Zwangsvorstellung, »vom juten Konnjack und den teuan Pralinen wat apjehm« zu sollen, geht der ewig zukurzgekommene Bolle-Berliner nur noch nach vereinbartem Klingelzeichen ans Telefon. Großdeutschland bzw. Großberlin – im Jargon der neo-juvenilen vereinigten ökofeministischen mitterechtslinken »Weltstadt« oder

»multikulturelle Metropole« genannt – soll auferstehen, die Privilegien aber bleiben bitte zuhause.

Ungeachtet der ihnen entgegenschlagenden Feindseligkeit strömen »die Menschen« *(FAZ)* aus der »DDR« *(Neues Deutschland)* weiter in den Westen. Wenn sie nicht gerade zäh und trantütig durch »die kalte, nasse Stadt« (M. Maurenbrecher) schleichen, gehen sie den von ihnen perfekt beherrschten, bereits in die Erbmasse übergegangenen Vorzugstätigkeiten nach: gaffen und gleichmütig Schlangestehen. Zum Beispiel am 13.11. vor, an und in der Deutschlandhalle, bei einem hastig organisierten Erbrechen namens »Konzert für Berlin«. Dort bekamen sie zwar nicht ganz die »Musik« (Joachim Kaiser) zu hören, die sie gemeinhin besonders schätzen, also entweder bardiges Gejaule von sich für François Villon oder Bert Brecht haltenden ausgewiesenen Jammerlappen, oder aber, ohrenbohrender noch, wolkigen, metaphernwabernden und quälend auf Qualitätsprodukt getrimmten *Amiga*-Muffrock; die in der Deutschlandhalle zusammengekarrten »Rockformationen« (Diedrich Diederichsen), Kathetercombos und Müttergenesungskapellen (Niedecken, Lindenberg, Hagen u.ä.) aber ließen Heimweh und Sehnsucht nach sichtblendenpflichtigen *City*- oder *Puhdys*-Auftritten gar nicht erst aufkommen – optische und akustische Vollbelästigung, alles da.

Wo immer ihnen ein Billigspektakel, gern auch mit antikommunistischem Einschlag, angeboten wird, greifen die einsickernden Konsumbrigaden ab. 30 Jahre sozialistische TV-Erziehung durch Karl Eduard von Schnitzler erweisen sich als fruchtlos. Schnitzler, einer der letzten Kampfjournalisten deutscher Zunge, warf bis zuletzt seine falschen Perlen vor echte Säue – vergeblich. Das von den Leipziger Pfaffenknechten und anderen Hisbohleyisten geforderte »Berufsverbot« (Willy Brandt) gegen den sozialistischen Ehrenmann wurde am 30. Oktober 1989 vollzogen. Tagelang noch nach seiner »menschlich tief berührenden« (Dieter Thomas Heck) Abdankung arbeitete der Mann mit der Einmachglasbrille verbissen in seinem Büro weiter, bevor er realisierte, daß er nie wieder »Soo (tiefes Einatmen), das also nennen die Kapitalisten (Schnaufen) Freiheit...« würde sagen dürfen. Er, der den Widerspruch zwischen Kadavergehorsam gegenüber dem eigenen System und rhetorisch glänzender, analytisch treffender Attacke gegen den Klassenfeind in vorbildlicher Weise verkörperte, wurde mit Schimpf und Schande aus Amt und Würden gejagt, eine bräsige Propagandaveranstaltung wie die *Berliner Abendschau* aber lebt und wird erst mehr als ein Jahr später um einen Hans-Werner Kock kürzer gemacht – es ist zum Speien.

Kein personifiziertes antifaschistisches Mahnmal trotzt nun mehr, von DDR-TV-Schirmen herab, den Rassisten beider deutscher Staaten, die sich in seliger Kumpanei gegen »Scheißpolacken, Schlitzaugen und Knoblauchfresser« verbünden. »Ihr macht det schon janz richtich mit die Kanacker«, zollt der Ostberliner Taxifahrer dem Westgast Anerkennung; der Ostrassist, an den der Sozialismus, d.h. der Versuch, aus Primaten Menschen zu machen, verschwendet ist, findet sich mit seiner Rolle als Zwote-Wahl-Deutscher ab, solange ein Objekt der Verachtung vorhanden ist, das ihm ermöglicht, nach oben (Deutschland) zu buckeln und nach unten (Rest der Welt) zu treten.

Während im BRD-Fernsehen ein gesichts- und namenloser Fatzke das schlagendste Argument gegen jedwede Form von »Demokratie« (Otto Schily) liefert – »Wenn die Mehrheit der Deutschen keinen Sozialismus will, wo liegt dann eigentlich die Existenzberechtigung der DDR?« –, strebt die *Aktuelle Kamera* auf der Ausgewogenheits-Schleimspur immergibihm hinterher: statt Klassenkampf jetzt Klassenbester. Von den USA bezahlte islamische Killer in Afghanistan werden nicht mehr »von den USA bezahlte islamische Killer«, sondern »bewaffnete oppositionelle Gruppen« genannt. Während Helmut Kohl am 28.11.1989 im Bundestag unter dem

Beifall der traditionell feigen Sozialdemokratie (traditionell umfallend kann man sie nicht nennen – dies würde voraussetzen, sie hätte jemals gestanden) die Wiedervereinigung, d.h. das nachträgliche Gewinnen des Zweiten Weltkriegs verlangt, hat die »DDR-Opposition« (André Heller) nichts Eiligeres zu tun, als bei demselben Helmut Kohl um dieselbe Wiedervereinigung zu betteln. R. Eppelmann und W. Schnur, zwei Wichtelmännchen vom Demokratischen Auswurf, schlagen als Vollstrecker von BiGott, König und Vaterland, als neudeutschen Kaiser Richard von Weizsäcker vor; wer wäre für den Job als kollektiver Entnazifix besser geeignet als der Nazivater-Verteidiger, Ex-Boehringer-Gesellschafter und Wehrmachtsoffizier?

Heroisch und eindrucksvoll ist der Kampf unbewaffneter oppositioneller Gruppen der DDR für das unteilbare Menschenrecht, ein Arschloch zu sein. Der Unterstützung westdeutscher Contras dürfen sich die christlichen Milizen gewiß sein; der einzige historische Nutzen von Gebärfanatikern und Schwulenhassern wie dem Ost-Oberpfaffen Manfred Stolpe aber ist die o.g. Entwicklung der Brüsewitz'schen Pyrotechnik.

Widerstand gegen die Wiedervereinigung des dreckigen Deutschen resp. ewigen Berliners wird kaum geleistet; vergessen scheinen Vorbilder wie die Bewegung 2. Juni, die u.a. mit der Entführung von P. Lorenz »einen wertvollen Beitrag« (E. Diepgen) zur Entwicklung der »politischen Streitkultur« (Lea Rosh, mit bürgerlichem Namen Gabriele Schultze-Rohr) geleistet hat.

Nur im Vollrausch ist der »Rausch der Geschichte« (R. Augstein) zu ertragen; Pjotr, Mitte 50 und ziemlich voll, singt und agitiert täglich am Halleschen Tor: »Drei Apfelsinen im Haaa, unn annen Hüffen Bananen ... aba daß die Sinen aus Süafrika sin, isseuch scheißejal ...« Kockberliner »aus beiden Teilen der Stadt« (W. Momper) bieten ihm Prügel an.

Völker der Welt, haut auf diese Stadt.

taz vom 1. Februar 1992

Ich war der Mann hinter Till Meyer!

Bekenntnisse des Westberliner Underground-Poeten und Dramatikers Michael »Arschloch« Stein

Vorbemerkung der Redaktion: Wir haben lange gezögert, die schonungslose Beichte Michael Steins zu veröffentlichen. Erstens wird die Intimsphäre einiger prominenter *taz*-Mitarbeiter verletzt, und zweitens hatten wir gerade die Turbulenzen um Till Meyer halbwegs überstanden und waren nicht sicher, ob wir nicht damit mehr schaden als nützen würden, allzumal die Methode des »Outing«, die Stein konsequent anwendet, nicht nur bei Schwulen problematisch ist.

Aber die Echtheit der Dokumente, die Glaubhaftigkeit des ehemaligen Stasi-Mitarbeiters Stein und unsere journalistische Verpflichtung der demokratischen Öffentlichkeit gegenüber gaben den Ausschlag zur Veröffentlichung.

Darüber hinaus ist der Text ein erschütterndes Dokument über den Ich-Verlust eines Künstlers, der Opfer seiner gewiß nicht sympathieerweckenden sexuellen Neigungen wurde.

Ich bekenne: Ich war auch dabei. Nicht nur als IM – nicht nur als kleiner, unbedeutender inoffizieller Mitarbeiter. Damit hatte es zwar angefangen, vor rund zwölf Jahren. Aber als ich im Dezember 89 den Dienst quittierte, war ich im Rang eines Hauptmannes der Staatssicherheit, ein OibE, ein Offizier im besonderen Einsatz. Ich war der Hauptabteilung XXII unterstellt. Mein Führungsoffizier, ein Major mit dem Decknamen »Kinsky« – ich habe seinen wahren Namen nie erfahren – traf sich mit mir in der Regel in Ost-Berlin, und zwar meist in der Dunckerstraße 38, in einer Wohnung, die auf einen gewissen Wolfgang Marotzke angemeldet war. Soviel zu den üblichen Fakten.

Warum aber, und das ist die zentrale Frage, kommt einer wie ich dazu, für »Memphis« zu arbeiten? Einer, der damals schon kein Kommunist mehr war, kein Freund der DDR, ja, ihr sogar feindlich gegenüberstand? Es ist kein Geheimnis, daß gerade im Journalistenmilieu sehr effektive Geheimdienstarbeit geleistet wird (siehe entsprechende Literatur, zum Beispiel »Geheim«, Okt. 85). Die Nähe zwischen Nachrichtenagenturen und Nachrichtendiensten ist keineswegs nur eine nominelle. Das liegt an der verwandten Struktur und Aufgabenstellung beider Nachrichtenorganisationen. Informationen sammeln, verarbeiten und gezielt weiterverbreiten kann man als Journalist und als Agent. Man betreibt praktisch Doppelverwertung bei gleichem Arbeitsaufwand. Als Journalist ist man ein idealer Einflußagent, ein opinion-leader, besonders als Kampfjournalist. Ich recherchierte und operierte in einem. Beispielsweise in der Operation »Robbensterben«, einer gezielten mehrjährigen Kampagne gegen Wolf Biermann.

Ich gestehe, mich hatte vor allem das Agentenleben gereizt. Mir ging es dabei wie Till Meyer, der ja nichts anderes machte, als seine Jugendträume zu realisieren: er war Räuber mit Pistole, ein »Entführer läßt grüßen!«, Knastausbrecher, rasender Reporter und eben auch Geheimagent. Und das alles auch noch für eine gute Sache. O.K., das war sein Ding. Ich war kein Kommunist. Aber ich war ein negativer Typ und wollte gerne Schaden anrichten, bevorzugt bei Leuten, die ich nicht leiden konnte.

So ging ich schließlich 87 zur *taz*. Ich sollte die Arbeit von Till flankieren und gleichzeitig destabilisierend auf das Redaktions-»kollektiv« einwirken. Bei dieser Arbeit war mir Wiglaf Droste sehr behilflich, der mir seine TV-Seite zur Verfügung stellte und ohne zu wissen, mit wem er es in Wirklichkeit zu tun hatte, mir einmal erzählte, daß er gerne für die Stasi arbeiten würde, »aber die haben mich nicht genommen«. Ich habe ihn später eingeweiht, und so ist er wenigstens auf diese Weise mit der Stasi in Kooperation gekommen. Ich glaube, er war sehr stolz darauf. Wir haben in der Folgezeit noch häufig zusammengearbeitet, nicht nur in der *taz*, sondern auch auf der *Titanic*: Bei »Drecksäcke bekennen: Ich bin ein Berliner!«, einer einzigen Lobhudelei auf das verbrecherische SED-Regime, hat – um im *taz*-Jargon zu sprechen – »die Stasi die Feder geführt«; daß Karl Eduard von Schnitzler eine Kolumne in *Titanic* bekam, war das Ergebnis einer sauber eingefädelten Aktion von Kinsky, Till und mir: wir mißbrauchten den politisch labilen Künstler Max Goldt dazu, seinen Kollegen in der Frankfurter Redaktion Sudel-Ede als satirischen Knaller anzudienen.

Aber der konnte gar keine Satire schreiben, statt dessen versuchte er, die Propagandalügen vom »Sozialismus mit menschlichem Antlitz« zu verkaufen. Und das mit seinem Gesicht! Als der Schwindel aufflog, haben sie ihn gleich entlassen.

Tief im Herzen Autonomer

Die Aktionen von Till und mir waren zwischen Major Kinsky und Oberstleutnant Helmut Voigt, Tills Führungsoffizier, abgesprochen. Till und ich wußten, daß außer uns noch mindestens zwei weitere *taz*ler dem MfS zuarbeiteten, aber wir kannten sie nicht. Die Abteilungsleiter in der Normannenstraße legten aus Sicherheitsgründen Wert darauf, daß ihre Agenten sich untereinander nicht identifizierten.

Ich versuchte, die beiden zu finden. Damit verstieß ich klar gegen die Anweisungen von Kinsky, aber ich wollte noch mein eigenes Spiel spielen. Schließlich war ich tief im Herzen Autonomer. Heute weiß ich, daß nicht ich mit der Stasi gespielt habe, sondern die mit mir. Es ist eine höchst dumme Art von Selbstüberschätzung, als kleiner Scheißer die großen Scheißer herausfordern zu wollen. Das »Memphis« wußte einfach, tausendfach vernetzt, verdammt besser bescheid als du.

Dennoch, ein Gutes hatte die Sache: Ich kenne heute die Namen und werde sie auch noch nennen. Dies als kleine Entschädigung dafür, daß ihr mit mir jahrelang eine Natter an eurer Brust genährt habt – wenn es denn überhaupt eine Entschädigung dafür geben kann, die Schuld werde ich ein ganzes Leben lang mit mir tragen. Ich habe euch menschlich enttäuscht und verstehe eure Wut, eure Hilflosigkeit, euren Schmerz nur zu gut. Ich bitte um Vergebung. Ich weiß, ich hätte schon früher damit an die Öffentlichkeit gehen müssen, aber ich habe mich geschämt, geschämt dafür, was ich habe machen müssen, ja, wie ich zunehmend daran Gefallen fand, was ich tat, wie ich später ganz freiwillig dem Honecker-Mielke-Regime zuarbeitete, ohne Scham, mit wachsender Lust auf Menschenverachtung und Zynismus.

Nur manchmal, nachts, wenn ich noch wach im Bett lag, ergriff mein altes Ich noch einmal Besitz von mir, ich schämte mich und machte mir Vorwürfe, aber es war nur noch wie ein ferner, schwacher Nachhall einstmals starker Gefühle für eine anständige menschliche Moral. Die Stasi hatte mein Ich zerfressen, zersetzt, ich war im Seelen-KZ DDR eingefangen, wie alle, die sich damit arrangierten.

So blöde, wie Geile eben gucken...

Es begann im Sommer 80. Ich hatte mich gerade in einem sehr schmerzhaften Trennungsprozeß vom Marxismus-Leninismus gelöst und wollte ein letztes Mal die DDR besuchen. Unweit von dem Hotel, wo ich für zwei Wochen einquartiert war, befand sich ein FDJ-Ferienlager, das ich ein paarmal besuchte. Irgendwie muß einem der Jugendleiter mein Interesse für pubertierende Jungs aufgefallen sein, und das Schicksal wollte es, daß dieser Leiter, wie ich später erfuhr, Stasi-Offizier war.

Erich, ein 13jähriger zarter Knabe und sein Kamerad Karl, hatten sich mit mir in ihrem Zelt verabredet, zu einem Gespräch über die Zukunft des Sozialismus, wie wir es nannten. Die Mehrheit der FDJ-Leiter bestand aus Päderasten, und ich tat nichts Außergewöhnliches, als ich Klein-Erich das junge Glied massierte und mir dabei von Karl einen blasen ließ. Ich schenkte jedem dafür eine von diesen 10-Mark-Digital-Billig-Uhren von Eduscho, die Jungs waren ganz versessen auf diesen Klunker und waren zu allem bereit. Ich möchte aber betonen, daß ich immer sehr anständig war und keine perversen oder brutalen Sachen verlangt habe.

Just in dem Moment, als ich abspritzte, blitzte mehrmals ein Fotoapparat ins Zelt. Ich fuhr entsetzt hoch, und die beiden Jungs verdrückten sich kichernd, aber ohne ein Wort zu sagen. Mir dämmerte, daß ich in eine Falle getappt war. Wie konnte ein Arbeiter-und-Bauern-Staat sich solcher schmutzigen Tricks bedienen und dazu auch noch junge unschuldige Menschen benutzen? Meine Ablehnung des Kommunismus wurde einmal mehr bestätigt. Was die Aktion bezweckte, wurde mir am nächsten Tag klar, als sie mir in der Zelle die Fotos vorlegten. Darauf sah man einen Mann mit ausgesprochen blödem Gesichtsausdruck – halboffener Mund und halbgeschlossene Augen fügen sich zu einem Bild zwischen ekstatischer Verzückung und Debilität – so blöde, wie Geile eben gucken. Mein Gesicht war mir jedenfalls peinlicher als die verfängliche Situation.

»Sie wissen, daß Sie dafür mindestens fünf Jahre aus dem Verkehr gezogen werden können?«, fragte der Stasi-Mann.

»Ja.« Ich zeigte keinerlei Regung.

»Gut. Ich glaube jedoch, daß wir einen anderen Weg finden werden. Sind Sie Kommunist?«

»Das war einmal. Aber ich finde nach wie vor, daß die DDR das bessere Deutschland ist«, schleimte ich ihn an. Seine gleichmütige Antwort traf mich unvorbereitet.

»Deutschland ist immer schlecht. Es gibt kein besseres.«

»Oha... ja.« Der Mann gefiel mir. »Aber ich stehe auf freie, deutsche Jugend. Jungs wie Ernst und Karl werden einmal eine bessere und schönere Welt aufbauen.«

»Das haben Sie gut gesagt. Ich mache Ihnen einen Vorschlag: Sie arbeiten mit uns zusammen und dürfen mindestens einmal jährlich Ferien in einem FDJ-Lager als Betreuer machen, quasi um die Jungs behutsam in den Sozialismus einzuführen.«

»Und wenn nicht?«

Er zuckte die Schultern. »Wenn Sie uns ein Versprechen geben, das Sie im Westen nicht halten, werden wir die Fotos an die zuständigen westdeutschen Behörden schicken.«

»Gut. Sie haben mich überzeugt.«

»Tja... der Sozialismus ist eben das überlegene System...«

Was Besseres hätte mir gar nicht passieren können, dachte ich damals. Heute weiß ich, daß man keinen Pakt mit dem Teufel schließen kann, ohne sein Ich an ihn zu verkaufen. Die Stasi hatte meine sexuellen Neigungen zur Aufrechterhaltung ihres perversen Regimes mißbraucht. Die ganze DDR ein KZ und Jugendbordell in einem. Ich meine, es war ja nicht alles schlecht drüben, aber das mit dem KZ hätten sie nicht machen dürfen.

In der nächsten Folge: »Operation Schabrake«
– wie ich Georgia Tornow (Deckname »Mutti«) dazu brachte, die *taz* unter ihre Fuchtel zu bringen, um die *taz*

endgültig zu desavouieren, und wie der VS diesen Coup verhinderte, indem er »Mutti« einen neuen Job besorgte, bei dem sie keinen Schaden mehr anrichten konnte – als präklimakterische Talk-Tante;
– wie sogleich der nächste IM auf der Matte stand: Deckname »Hartung«. Wir dachten erst an Klaus Hartung selber, aber der hieß ja »Quark«. Erst beim weiteren Studium der Akten kamen wir drauf: an anderer Stelle wird »Hartung« auch als »Hasenscharte« geführt – natürlich: Christian Semler! Wir hatten ihn eh schon im Verdacht, damals noch als KPD-Oberbonzen, daß er im Auftrag der DDR-Revisionisten saudumme Artikel »Für den Sieg im Volkskrieg« schrieb, um die maoistische Bewegung zu diskreditieren.

Jetzt schreibt er saudumme Artikel für – oder besser: gegen – die andere Seite, die Konservativen, »für« Kroatien, »für« die osteuropäische Revolution, »für« Menschenrechte in China, und so weiter. Obwohl er kein Geld mehr von der Stasi kriegt, schreibt er weiter und weiter und weiter und weiter – sein Programm ist durchgeknallt: ein von seinem Herrn verlassener Schreibtisch-Cyborg...
– Wie die IMs Klaus Nothnagel, Cluse Krings und Dr. Seltsam auf PDS-Wahltour gingen – zu einem Zeitpunkt, als ich schon lange dem MfS den Rücken gekehrt hatte, wurde ich nochmals unwissentlich von »Memphis« funktionalisiert – als Mitglied der Höhnenden Wochenschau. Die »Firma« läßt dich nie mehr los, einmal dabei, immer dabei. Nur der Schritt an die Öffentlichkeit – die Flucht nach vorn – birgt eine kleine Chance, der Krake zu entkommen. Dr. Seltsam ist übrigens selbst ein Opfer der Stasi, auch wenn er das nicht wahrhaben will: Charité-Ärzte injizierten ihm vor Jahren ein wachstumshemmendes Hormon, um eine geistige Weiterentwicklung zu verhindern. Der Mann ist immer noch Kolumnist auf dem Stand von 1976...

taz vom 12. Juni 1992

Barfuß im Schuh

Heiner Müller las Walter Benjamin ohne Socken im Deutschen Theater

Die Drinks kann ich nicht mit reinnehmen, und so rufe ich quer durch den Saal: »Ellen, Süße, kommste mal raus, wir müssen draußen trinken, wegen der heiligen Atmosphäre!« Und so kommt es, daß wir die letzten sind, und ich sag' noch zu einer Theaterangestellten: »Er kann doch schon mal anfangen.« »Neinnein«, sagt sie freundlich, »wenn er anfängt, dürfen Sie nicht mehr rein.« Nun, dann muß er eben warten, bis wir fertig sind.

Ich bin nicht ganz freiwillig hier, eigentlich sollte Kollege Werner darüber schreiben, aber der guckt heute Fußball, und ich brauch' dringend Knete.

Wir klettern durch die dritte Reihe auf unsere Plätze zu, der Saal ist nicht ganz voll, auf den ersten Blick sieht es aus wie eine Versammlung von Philosophiestudenten und Theaterabonnenten. Auf den zweiten auch. Müller betritt die Bühne, bescheidener Gestus, unauffällig geradezu, setzt sich an den rustikalen Holztisch (hellbraun, mattlackiert), greift sich aus der Batterie Bücher, die mit Zetteln gespickt sind, das erste raus und beginnt. Er trägt keine Socken. Er ist aufgeregt, seine Stimme hat was vom Vollmerschen Timbre, aber das legt sich bald.

Benjamin hat viele schöne Sachen geschrieben, zum Beispiel über Kiffen in Marseille, und mir was ganz Wichtiges mitgegeben: Im Alltäglichen, im ganz Konkreten, im Kleinen, im Kaffeesatz das Gesamte erkennen, das Klassenverhältnis. So macht historischer Materialismus Spaß. Ansonsten jede Menge feinsinniger Betrachtungen, Bildungsbürgerkacke, an der sich Leute ergötzen, die *Zeit* lesen und Christa Wolf. Müller liest stockend und nuschelnd, bei manchen Sätzen war ich tatsächlich gespannt, wie sie enden, und als es endlich soweit war, wußte ich nicht mehr den Anfang. Am besten waren noch die Anekdoten, wie die über den zaristischen Minister Potjemkin, der depressiv in seinem Gemach hockt und sein Ich verloren hat und deshalb Dekrete mit fremdem Namen unterschreibt. Müller macht daraus eine Allegorie über den Untergang der DDR. Naja.

Die Sitze sind sehr bequem, ich kann meinen Kopf auflegen und dösen. In die Oberkante der Lehnen sind Gitter eingelassen, aus denen kühle Luft strömt. Eine gute Idee. Als mein Atem zu gleichmäßig wird, stößt mich Ellen an. Ich sehe, daß Heiner noch etliche Spickzettel in den Wälzern zu klemmen hat, und befürchte, nicht durchzuhalten. Hin und wieder verfolge ich einen Satz und verliere ihn auch gleich wieder. Ich überlege, ob ich nicht aufstehen soll und gehen. Aber das wär‘ mir peinlich, so weit vorne, wie ich sitze. Aber ich könnte ja auf die Bühne gehen und Müller die Hand geben: »Nehmses nich persönlich, ich hab’ nur zu wenig geschlafen.«

Nein, ich bleibe sitzen und guck’ mir das Publikum an. Einer sieht aus, wie Edgar Hilsenrath aus dem Gesicht geschnitten. Ist es Edgar Hilsenrath? Er sitzt zu weit weg, als daß ich ihn fragen könnte, ohne zu stören. Die Menschen sehen sehr konzentriert aus. Ob ich auch konzentriert aussehe?

Ich mag Müller sehr. Und wenn er seine eignen Texte liest, kann man ihm auch zuhören. (Er ist ein guter Kopf, was ihn aber nicht davor feit, Mist zu machen, zum Beispiel Hörspiele mit Heiner Goebbels, abscheuliche Oberprimaner-Avantgarde, verschnarcht, zeitschindend, nichtssagend.) Am Schluß habe ich dann doch geklatscht, länger als nötig, quasi als Entschädigung für die häßlichen Gedanken – man ist ja kein Unmensch...

Der Rabe, Nr. 38, vom Winter 1993

Ode an den Hund

Hund bellt
Hund beißt
Hund scheißt
Hund stellt
Hund kreist
Hund reißt

HUND ist der Hund Kläffscheißer
Jaultöle Winselpisser
Ha! Hund du Wedelschwanz du
Sabberschnauze feucht und schleimig
Vorher hast du im großen flüssigbraunen
Scheißbrei vor der Tür geschnüffelt
Nimm deine Kackschnauze von meiner Hose
Du Sabbersack

Winselpinscher
Schnüffelscheißer
Wadenbeißer
Asthmatische Töle
Keuchhund
Wackelratte, steifbeinige

Krummbuckliger zitternder Schwanzeinzieher
Fiepsendes Glupschauge
Krächzender Kläffer

Ihr Ebenbilder ihr Ausgeburten
Ihr Vorwegnahme der Gentechnologie

Der Rabe, Nr. 38, vom Winter 1993

Rein kommen sie immer

dicker Brummbrumm
Scheibenklopf
Pochpoch Klatschpoch
dreister Brocken!

bssst klatsch poch bssst!
kreuz und querlines
Brummerflotte
Scheißhaus-Airlines
jetzt schon zwei von dieser Sorte

Summ Brumm zickzack
Summbrumm Brummsumm
Luftverdrängungslärm im Zimmer
summ poch krach brumm ... Summ
plötzlich Ruhe? ...

Flügelsausend Fliegenfick
bssst-ekstatisch bsst und bssst
schwarz behaarter
... Interruptus ...

Flatschfleck fetter
Fliegenklatsche

Der Rabe, Nr. 38, vom Winter 1993

Tauben Tauben Tauben

Ein Freund von mir erzählte, daß, als er in Tegel vier Jahre fest einquartiert war, er fast wahnsinnig geworden wäre wegen jenes Taubenpärchens, das sich vor seinem Zellenfenster eingenistet hatte und zu allen Gelegenheiten nervtötendste Geräusche von sich gab: Scharren, Flattern und natürlich vornehmlich jenes an Abflußglucksen erinnernde ewige Gurren, immer Gurren, Gurren, Gurren, Stunde für Stunde, Tag für Tag, vier schlimme Jahre lang.

Da sich Knastfenster meist nicht öffnen lassen, obgleich sie sowieso vergittert sind, hatte er keine Chance, das Kroppzeug zu vertreiben.

Tauben lassen sich sowieso kaum verscheuchen – wer schnell genug ist, kann so ein Vieh ohne weiteres zertreten oder mit einem scharfen Gegenstand zerhacken –, und so blieb ihm nichts, als das Problem meditativ zu meistern: Im Schneidersitz auf der Pritsche ruhend, malte er sich in schillerndsten Farben und perversesten Varianten Taubentötungen aus, riß, knackte, zog ihnen im Geiste den Kopf aus der Halswirbelverankerung, brach ihnen den einen oder anderen Flügel, um sie nach leichtem Anstippen lustig trudelnd vom Dach stürzen zu sehen, oder schnitt ihnen die Füße ab, so daß sie merkwürdig stelzig und von unbeholfenem Flügelschlag notdürftig unterstützt, mühselig umherstakten.

Ein Phänomen, dem man übrigens häufig begegnet: halbinvalide Flugratten, von ihren Artgenossen geschmäht und gemieden, mühen sich über Gehsteige auf der Suche nach Freßbarem – was ihre gierigen Kumpels natürlich schon längst vertilgt haben –, wagen sich gar auf Straßen und bleiben, mangels Behendigkeit unter Autoreifen zermalmt, als Fliegen- und Würmerfutter mit herausgequetschten Augen und aus dem Schnabel getretener Hirnmasse sehr unansehnlich und doch tot liegen.

Das Verhältnis Mensch-Tier ist bis auf wenige Ausnahmen von gegenseitiger Mißachtung und Ignoranz geprägt. Dem Tier, sei es Insekt, Raubkatze oder Hering, ich könnte die Reihe beliebig fortsetzen, mangelt es an der ethischen Substanz, um uns, der Krone der Schöpfung, die gebührende Achtung entgegenzubringen.

Das alles rechtfertigt natürlich nicht das zutiefst tierverachtende und zynische Verhalten, das ich eines Morgens nach durchzechter, durchtanzter und durchfickter Nacht an den Tag legte:

Im Überschwang eines aus diese Exzeßkombination resultierenden Aufgedrehtseins griff ich mir, kaum zu Hause angekommen, meinen Crossman-CO_2-Revolver und überlegte, was ich jetzt noch anstellen könnte.

Ein Geräusch wie von hundert glucksenden Abflüssen drang durchs halb geöffnete Fenster.

Ich eilte stracks auf den vor meinem Fenster gelegenen Herrfurthplatz – eine frische Schneedecke hatte sich dort ausgebreitet – und schlitterte auf eine Großversammlung offenbar von irgendeiner Oma soeben gefütterter Kackvögel zu, die sich, nur widerwillig vom Futter lassend, auseinanderbewegten.

Erst als meine Crossman mehrmals pengte, war das graue Geschwader in der Luft – bis auf jene vier Exemplare, die so schwer getroffen waren, daß sie dick aufgeplustert im Schnee saßen, zwei von ihnen mit weit ausgebreiteten Flügeln und sehr nach Luft japsend, wobei noch eine versuchte, von mir weg durch den Schnee zu robben:

eine ziemlich unbeholfene Darbietung, die allein durch die feine, hinter sich hergezogene rote Spur im blütenweißen Schnee eine gewisse ästhetische Dimension gewann.

Da ich kein Tierquäler bin, darauf lege ich Wert, gab ich den armen Kreaturen jeweils noch einen Fangschuß in den Hals bzw. den Kopf; das ist wichtig, weil die Rundgeschosse der Crossman leicht im Gefieder stekkenbleiben und so nur Schockwirkung erzielen.

Als ich nach Hause ging, erhielt ich eine Lektion in Kropotkins »Gegenseitige Hilfe in der Tier- und Menschenwelt«: Ich holte mit meiner letzten Kugel eine Taube vom Ast, die schoß daraufhin ziemlich steil auf den Gehweg, kam sehr unsanft auf, plusterte ebenfalls das Gefieder, und mir fehlte die letzte Kugel zum Gnadenschuß. Ich suchte in meinen Taschen nach Munition. Nicht mal eine halbe Minute später war das arme Tier von Artgenossen umringt, die erbarmungslos darauf herumhackten, in den Kopf, in den Hals, in die Brust,, immer wieder ... Es sah aus wie derbes Necken, aber ich ahnte, daß es schrecklich weh tat.

Gern hätte ich noch ein Magazin in diese Ansammlung von Kameradenschweinen geleert – doch in diesem Moment kam Schröder von nebenan mit seinen beiden Pißtölen um die Ecke – aber das ist eine ganz andere Geschichte...

junge Welt vom 11.10.1997

Assellamento I

Ah, das Leben ist schön!: 478 Mark Soz auf Tasche trete ich ausm Rathaus Neukölln in die gleißende Sonne. Wie immer geh ich gleich zu Kropps Feinkost gegenüber[1] und decke mich luxuriös ein: italienische Salami, französischer Bergkäse, dies und das noch, Hauptsache nichts unter 3 Mark die 100 Gramm, dazu noch Jubiläumssekt der Hausmarke (der mitm Rathausturm drauf, wo die Uhr grad fünf nach halb drei zeigt – ein augenzwinkernder Hinweis auf die Uhrzeit, da die Damen und Herren Sachbearbeiter nach vier Stunden Leute bzw. Sachen wie mich schikanieren plus zwei Stunden Kaffeepause spätestens Feierabend machen und auf das erfolgreiche Abschmettern der Bedürftigen anstoßen:

»Nach halb drei laß die Arbeit ruhn und freu dich auf den Afternoon! Hamwa heute wieda fein abgebügelt das asoziale Gesindel, was Kollegen!?«

Ekelhaft, dieses ÖTV-Pack!

Hauptsache Arbeitsplatz, sich selber 'n breiten Arsch sitzen und dafür die Ärmsten der Armen in die Zwangsarbeit schicken[2] – nichts gegen die Sektionen Transport

[1] Bevorzugte Pausenanlaufstelle der Angestellten vom Bezirksamt (deshalb sind die Dienstzimmer auch so selten besetzt, hahaha).

[2] Wenn diese Leute könnten, würden sie auch die ganze nichtsnutzige 3. Welt zur »gemeinnützigen« Arbeit heranziehen.

und Verkehr, aber alles mit ö könnte von mir aus auf ewig arbeitslos werden (Soz-Sachbearbeiter, KZ-Wachmannschaften, Soldaten, Erzieher usw.) und danach gehts stante pede in die Hasenheide, wo ich mir bei Negern oder Türken oder andern Asselanten (endlich wieder echte, lebende Menschen nach Stunden lähmenden Amtsaufenthalts) erstmal ne dicke Portion Rauschgift besorge.[3] Har! Dermaßen prall proviantiert schlendere ich zu Frau und Tochter um die Ecke, packe den Kühlschrank voll und hau mich auf den Balkon, um mir den ersten Joint zu drehen ... Zwei Tage später ist das Geld aufgebraucht. Schulden bezahlen, nochmal den Kühlschrank voll, so dasses fürne Woche reicht,[4] 'n paar Zeitschriften, die ich mir sonst nicht leiste (*konkret, Spiegel, junge welt, Junge Freiheit, Hustler, Emma, jungle world*), ein teurer Schinken über Medienguerilla (»Jetzt helfe ich mir selbst« – ein Handbuch für geistig leicht behinderte Autonome, denen mit tausend Entschuldigungen die Idee: »auch Streiche können revolutionär sein« nahegebracht werden soll) und das war's dann auch schon.

Da hab ich nun Tagesfreizeit ohne Ende, für ne Woche was zu lesen und zu essen und dann?

Oh soziales Elend du! Ja, Führer war alles besser: Arbeit ohne Ende, Geld ohne Ende, ich als gelernter Offsetdrucker konnte jederzeit die Firma wechseln, um in der neuen Bude gleich mit 1,50 DM mehr pro Stunde weiter-

[3] Die Hasenheide ist neben Kotti, Alex usw. laut *BZ* einer der »gefährlichsten Orte Berlins«, weshalb Schönbohms Schergen immer mal wieder Razzien gegen sog. »dealende Scheinasylanten« veranstalten, um das Primat des Suffs aufrechtzuerhalten.

[4] Diesmal billig und nährstoffarm bei Penny – für die Asseln nur das Mieseste, denn »wer nicht arbeitet, soll auch nicht essen« (interne Anweisung der CDU-Sozialstadträtin Stefanie »alles Sozialbetrüger!« Vogelsang) – kleiner Scherz vom Verfasser; aber zu Vogelsang komm ich noch an andrer Stelle ...

zumachen, und das Urlaubsgeld war so reichlich, daß ichs in den drei Wochen Freizeit gar nicht ausgeben konnte – eine sinnlose (natürlich auf permanenter Arbeitshetze basierende) gemästete Existenz, der Preis, den die Kapitalisten zahlten, um unsereins davon abzuhalten, ins Arbeiter- und Bauernparadies abzuwandern, das Recht auf Faulheit wahrzunehmen.

Nun, lang ist's her, das Wertgesetz ist weltweit schier ungehindert auf'm Vormarsch, ungebremst durch mehrwertmindernde, träge sog. realsozialistische Ordnungen und dem Kapital steht nunmehr eine unbegrenzte Zahl von industriellen Reservisten zur Verfügung: 20% der potentiellen Arbeitskräfte würden nach letzten Untersuchungen ausreichen, die Weltwirtschaft in Schwung zu halten, der Rest kann verhungern bzw. den Lohn drücken helfen – jedenfalls gibts keinen verdammten VERNÜNFTIGEN Grund, daß ich oder irgendwer sonst sich monatlich auf 20 Stellen bewerben muß, um seinen Anspruch auf Sozialhilfe nicht zu verlieren. Es gibt keine Arbeit mehr, es gibt nur Arbeit weniger. Alle wissen es, auch Frau Holz, meine Sachbearbeiterin.[5] Was will diese klimakterische Schachtel[6] eigentlich von mir? Daß ich für 5 Mark arbeiten gehe? Bin ich blöd? Naja, einer muß die Steuern ja bezahlen, von denen ihr[7] bürokratischer Wasserkopf am Blubbern gehalten wird.

[5] Eine irgendwie vom Leben sicherlich enttäuschte, nicht mehr ganz taufrische, mir vom ersten Augenblickkontakt an mißgünstig-mißtrauisch gegenübertretende, ja gleichsam fänotüpische Büromaus mit Befugnis (Anweisungstick): »Das dürfen Sie nicht!« bzw. »Sie müssen aber!« und zwar in fast allen mir bekannten Varianten des Zwangsdeutschen – ich weiß, Zwangsdeutsch ist Amtssprache, aber man kann das doch auch freundlich sagen.

[6] Ist nicht persönlich gemeint; bin nur mehrmals schmählich von ihr abgewiesen worden – dabei wollte ich weder Sex noch ihr persönliches Geld (siehe auch Anm. 5)

[7] Nicht nur Holzens ihrer.

ARBEIT!

Du Götze der bürgerlichen, protestantischen, zum Zwekke der unendlichen Anhäufung des Kapitals sich selbst kasteienden Gesellschaft!
Ja, damals vor 200 Jahren mag das noch Sinn gehabt haben, schließlich bedurfte jene neue Produktionsform des massiven Verschleißes an Menschenmaterial, ehe sie rationalisiert wurde und den teuersten Kostenfaktor Mensch immer weiter zurückdrängen konnte. (Menschen sind natürlich nur so lange teuer, wie sie Reproduktionskosten verschlingen – die Nazis hatten dieses Problem auf ihre ureigenste Weise sehr kreativ gelöst und unter der Parole »Arbeit macht frei« den Ex-und Hopp-Wegwerfproletarier der Warenmarke »Auschwitz« geschaffen. Echt innovativ. Vielleicht sogar eine Lösung für die Probleme von morgen.) Aba heute?!

Frau Holz! Es ist so sinnlos, was Sie tun![8+9]

[8] Holz vers. Stein: wie gesagt, nichts persönliches – sie tut nur, was gedankenfreie arbeitnehmende Arschlöcher eben tun: ihren Streß nach unten weiterreichen (Kinder, Gatte, Sachbearbeitete).
[9] Ich liebe Sie doch, Frau Holz! Merken Sie das denn nicht?!

junge Welt vom 01.11.1997

Assellamento
II

Es ist Sonnabendnacht. Seit Tagen sitze ich das erste Mal wieder am Computer und schreibe. Die letzten 2 Wochen waren geprägt von diversen Auftritten, Proben und sonstigen Treffen, vor allem jedoch von einem: seit letzten Montag läuft die Aktion »Friedhofsruhe«...

(Blende)

... Jetzt hats mich auch erwischt: Stein muß zwangsarbeiten.Viele sind ja heilfroh, dasse endlich was zu tun kriegen. Freund Heinze in Pankow, bei dem ich auf der Flucht vor Frau und Tochter immer mal wieder Unterschlupf finde, sagt: »Ey Stein, dit is ne Auszeichnung. Da mußte normalerweise Monate warten, bisde drankommst.«

Nu, ganz so schön isses auch nicht. Die meisten, die ich kenne, sind schon genervt, früh aufstehen zu müssen. Ich z.B.: Ich bin Nachtarbeiter. Als ich noch Drucker war, habe ich am liebsten Nachtschicht geschoben. Bei der Spedition, wo ich fuhr, saß ich hinterm Lenker, wenn der Kollege schlief. Und seit ich schreibe, ist mir die Nacht erst recht ans Herz gewachsen.

Und jetzt soll ich 2 Wochen lang morgens um 8 aufm St. Jacobi-Friedhof auf der Matte stehen. 10 Tage á 4 Stunden für zusätzlich 120 Mark. Macht 3 Mark die Stunde. Wer verweigert, dem wird die Sozialhilfe gekürzt, im Wiederholungsfall gar gestrichen. Denn umsonst gibts nur die Luft zum Atmen. (Obwohl selbst das angezweifelt werden kann.)[1]

Aaaaber: ich habs mir ausgesucht, gewünscht, möglichst schnell wollt ich ran, hab Frau Pfister, der Arbeitsvermittlerin (im Unterschied zu Frau Holz eine nette Bearbeiterin, vielleicht auch nur, weil sie keine Gelder rausrücken muß), absolute Arbeitswilligkeit demonstriert. Denn: ein zutiefst wohltätiger Plan ist in mir gewachsen, als ich folgende Zeilen las (aus einer Information des Arbeitsamtes): »Sinnvolle Freizeitbeschäftigung hilft über persönliche Probleme hinweg ... Auch Ihr eigenes soziales Engagement kann Ihnen und Ihren Mitmenschen helfen.«

Har! So sehe ich das auch. Und gerade auf dem Sektor »gemeinnütziger und zusätzlicher Arbeit« liegt sozial noch vieles im Argen.[2]

Am 2. Tag gleich schön verpennt, Scheiße, schon halb neun, die Sonne scheint, seit ner halben Stunde sind die Kollegen am Harken, Rasenmähen + Grabsteinpolieren, und ich liege in Pankow neben dem Wecker (Schnäppchenkauf für 5,-) der mal wieder stehengeblieben ist, verdammte Scheiße, dauert bestimmt ne Stunde, bis ich am Hermannplatz bin, kann ich also vergessen.

[1] Marx/Engels, Über Besitz an der Natur: »... daß der Mensch, der kein andres Eigentum besitzt als seine Arbeitskraft, in allen Gesellschafts- und Kulturzuständen der Sklave der andern Menschen sein muß, die sich zu Eigentümern der gegenständlichen Arbeitsbedingungen« – und Natur ist die erste Quelle aller Arbeitsmittel und -gegenstände (Grundbesitz) – »gemacht haben. Er kann nur mit ihrer Erlaubnis arbeiten, also nur mit ihrer Erlaubnis leben.« Wem gehört der Luftraum?

[2] Ursprünglich hatte ich mich für den Oderbruch beworben – es hieß, tausende von Arbeitslosen und andern Asseln sollen zum Wiederaufbau rangezogen werden, aus ganz Deutschland, die ideale Situation, um Kontakte zu knüpfen, Agitation zu machen und den sicher anwesenden Nazis die Tour zu vermasseln, aber es ging nicht, naja, mal sehen ...

Nun gut, setz ich mich in die Küche und schreib auf: »Am 2. Tag gleich schön verpennt, Scheiße schon halb neun...« (... wennde schon nicht da bist, kannstes wenigstens aufschreiben, und so beginnen auch tatsächlich meine Notizen mit dem 2. Tag ... sie gehen weiter mit:) »aba trotzdem: uffstehn + dasein is Pflichtübung für alle Fälle – was, wenn ich die große soziale Umwälzung verschlafe ...« (Mein Gott, was bin ich schon gezeichnet von der kapitalistischen Arbeitsdisziplin ... kommste heut nicht, kommste morgen, sagt der Neger, sagt die Assel. Recht hamse.) (Außerdem: bei Revolution und Party kommt man nie zu spät)

Die nächsten Tage bin ich pünktlich, weil ich bei Frau und Tochter schlafe, die einen funktionierenden Wecker haben. Meist sitz ich zwar bis tief in die Nacht, aber 2, 3 Stunden Schlaf reichen aus, und wenns gar nicht gehen will, helfen ein paar Schluck Slivoviz, die Lebensgeister zu wecken. Oder Psilocybinpilze (dienten übrigens mexikanischen Priestern zur Erzeugung tranceartiger Zustände bei religiösen Stammes- und Opferfeiern): genau das Richtige, um dem doch etwas stumpfsinnigen Harken und Fegen etwas Euphorisch-Rituelles beizumengen. Außerdem ist man dann Gott näher.

Arbeit ohne Drogen geht nur bei Leuten, für die Arbeit selbst eine Droge ist. Die Kollegen vom Friedhof gehören bestimmt nicht dazu.

Vorhin ist der Vorarbeiter auf einen zugekommen und hat gesagt: »Geh nach Hause!« Darauf der: »Ick hau dir aufs Maul, du Scheiß-Ossi!« – »Los, hau ab!« Isser dann doch gegangen. Der Vorarbeiter hat kräftige, tätowierte Arme. Der andere war besoffen.

»Wir sollten ‘n Betriebsrat wählen und streiken, haha!«

Die Kollegen, etwa 10, stehen hinterm Geräteschuppen im Kreis, gutgelaunt und warten, daß Feierabend wird.

Der Vorarbeiter kommt. Einer sagt: »Mensch, der Typ vorhin hat det nich so jemeint, der war besoffen«. Der Vorarbeiter: »Eben. Da kann man sehen, was der Alk aus

Leuten macht.« Ein anderer: »Haha, det siehste ja an uns...« – ja, da steht ne Runde Schlucker, den einen sieht man's nicht an, die anderen sind schon schwer gezeichnet: die vom Bluthochdruck gerötete Haut macht klar, daß es sich nicht um von Cortison aufgedunsene Gesichter handelt (überhaupt, die Physiognomie des Asozialen: schlechte Zähne – wo früher der Disco-Einlasser auf die Schuhe kuckte, kuckt er heute ins Maul: ... mach mal Aaah!, Tätowierung etc ... wird Zeit für ne neue Rassenkunde ... obs schon entsprechende Schulungen für Aussortierer gibt? – »Werden Sie Dipl. Selektierer. Ein Beruf mit Zukunft. Voraussetzung: Abschluß als Türsteher, Polizist oder Sachbearbeiter.«)

Jedenfalls erfahre ich hier im Kreis der wohl nicht mehr Vermittelbaren, daß, wer aufm Friedhof säuft, sofort entlassen wird, was gleichbedeutend ist mit Streichung der Sozialhilfe. Ein sinnloser Versuch, die Sucht einzudämmen. Wird eben heimlich getrunken, aber der heimliche Trinker steht auf der Stufenleiter der Alkoholikerkarriere bekanntlich auf der vorletzten Sprosse – anders gesagt: durch das Verbot wird man die Karriereleiter erst richtig hochgeschoben. Aber so ist das Leben: immer dialektisch und jede Handlung 1a kontraproduktiv.[3]

»Und, wat habt ihr noch so vor im Leben?!«

»Wasn dit für ne Frage, Alta, hahaha, siehste ja: wir sind schon probeliegen...«

Reflexe. Ist der Vorarbeiter in Sicht, wird geackert. Isser weg, ist Schluß. (Und ich bin genauso. Ich acker sogar, wenn keiner zuguckt. Außer Gott.)[4]

[3] Ich bezweifle sowieso die gute therapeutische Absicht. Da der Friedhofsleitung bekannt ist, daß alle trinken, dient das Verbot als beliebig einsetzbare disziplinarische Keule zur Reduzierung der Sozialkosten.

[4] Alle kratzen Laub, auch wenn der Alte nicht kuckt, sonst pennste ja ein vor Langeweile.

Nun kann man das geißeln als hirnmäßig vom Ausbeutersystem zerfressen, aber es beschwört eine verschworene Gemeinschaft gegen Autoritäten, denen man sich zwar beugt, aber nur im Streich (Schweijk). Es ist ein spielerischer Reflex, sone Art antagonistischer Übung (oft bei gleichzeitiger Bemühung um Dialog mit dem Chef), das, was Kinder schon in der Schule lernen: gegen den Lehrer sein.

Die revolutionäre Situation tritt ein, wenn der versteckte Streich zum unverhohlenen Verweigern wird: Schluß mit lustig! Wenn die Stunde der Wahrheit kommt...

Streich macht aber meistens mehr Spaß. Schluß mit lustig! Heißt: Verantwortung übernehmen für das, was jetzt neu passieren soll. Man altert um Jahre. Verantwortungsträger sehen langweilig aus.

Möglicherweise der Grund, warum die meisten vor Revolution zurückschrecken. Sie wollen Kinder bleiben.

junge Welt vom 01.11.1997

Asselamento III

Am vierten Tag passiert's: wir sind entlassen! Und das kam so: Wir sitzen außerhalb des Friedhofs auf einer Bank am Zaun und nehmen unser Frühstück (Bier, Zigarette, Joint). Da wir jedoch nur für vier Stunden beschäftigt sind, steht uns keine Frühstückspause zu, im Unterschied zu denen, die fünf und mehr Stunden arbeiten. Also galt es, die Rechtsgüter abzuwägen, d.h. gegen welches Verbot wir verstoßen: gegen das Bierverbot aufm Friedhof oder gegen das Pausenverbot.

Aus Pietätsgründen entschieden wir, das Bier draußen zu trinken, also gegen das Pausenverbot zu verstoßen. Angeregt plaudernd genießen wir die spätsommerliche Sonne, als plötzlich hinter uns eine wohlbekannte Stimme knarzt: »So, ihr könnt alle nach Hause gehen!« und zwar nicht gerade in einem Tonfall, der uns großzügig den vorgezogenen Feierabend verkündet. Niemand dreht sich zu dem Vorarbeiter um.

»Na, det könnwa nich so stehenlassen!« – »Gestern sind erst welche vom Friedhof Mehringdamm jeflogen, weilse immer schon um achte in die Finanzamtskantine abjehaun sind.« – »O.K., laßt uns ins Büro gehen und protestieren.«

(Auszug aus einer Bezirksamtsverordnung zum Bundessozialhilfegesetz: »Die Hilfe zum Lebensunterhalt soll gekürzt bzw. auch versagt werden bei Aufgabe einer

Tätigkeit ohne wichtigen oder berechtigten Grund. Auch wiederholte unpünktliche Arbeitsaufnahme, schlechte oder ungenügende Arbeitsleistung haben dieselben Auswirkungen.«)

Aufm Weg ins Büro kommen wir an einer kleinen Trauergemeinde vorbei. Dem Kollegen, der gerade mit soner Art Preßluftstampfer das Grab stopft (sieht ziemlich pietätlos aus) ruft einer zu: »Ey, wir sind entlassen!« (Auch sehr pietätlos.) Und die Gemeinde guckt entsprechend verständnislos, aufgeschreckt aus ihrem Schmerz. Doch ziemlich prollig, diese Friedhofsasseln.

Der Vorarbeiter ist unnachgiebig. Ich versuche einen Vorstoß in Richtung Verständigung unter abhängig Beschäftigten:

»Ick habe jehört, Sie hätten letzte Woche 'n Anschiß jekriegt ...«

»Ja, eben weil ick zuviel durchjehen lasse.«

Hat nicht geklappt, na, dann gehen wir eben zum vorgesetzten Anscheißer.[1]

»N' richtijet Arschloch!«, sagt einer, und ich freue mich drauf. Der jedoch zeigt sich angesichts unsrer Abordnung, die lauthals »eine Beschwerde vorbringen!« will, außerordentlich kooperativ. Schade eigentlich, ich war schon richtig warm gelaufen. Er nimmt die Kündigung zurück, allerdings nicht ohne eine Abmahnung auszusprechen: »Diesmal drücken wir nochmal ein Auge zu.« Na vielen Dank, dieser gewiefte Hund hat gesprächstaktisch die Oberhand behalten und trotz unsres Teilsieges uns in die taktische Defensive zurückgedrängt. (Zum

[1] Herr Stephan, seines Zeichens Gauleiter der Friedhöfe Mehringdamm und Hermannstraße und mutmaßlicher Rausschmißquotenspitzenreiter selbst übrigens passionierter Schlucker, wie er gerne fraternisierend zu sagen pflegt, aber erst nach Feierabend – denn Dienst ist Dienst und Schnaps ist Schnaps (möglicherweise unter Zuhilfenahme von Mundspray, wenn beides sich mal überschneidet).

Schluß schickte er uns übrigens noch ein fraternisierendes »Wir können ja nach Feierabend mal einen trinken gehen!« hinterher. Aba klar doch.)

Folgerichtig kommen er und der Vorarbeiter am nächsten Tag extra kucken, ob wir nicht doch wieder Pause machen. »Diese Zecken! Dabei haben die, als es so heiß war, schön im kühlen Büro gesessen, Schnaps getrunken und uns alle Arbeit machen lassen.«

»Wir sollten den Kühlschrank im Büro knacken, den Sprit rausholen und 'n Zettel rinlegen: ›Vielen Dank für die Spende. Die Kollegen!‹«

Das ist lustig und wir müssen lachen. Das Wort »Sabotage« fällt. Sofort überbietet man sich gegenseitig mit Vorschlägen, was darauf schließen läßt, daß diese Form der Kommunikation mit Vorgesetzten bzw. Arbeitgebern recht beliebt sein muß.

»Uff jeden Fall darf die Abmahnung nicht stehenbleiben. Jetzt sind wir in der Scheißsituation, daß wir uns nischt mehr rausnehmen können, det is ja wie uff Bewährung.«

»Tja, nu is zu spät. Da hätten wir gestern eben nicht in Frieden gehen dürfen. Der Alte war einfach schlauer. Dabei kann der doch froh sein, daß wir nicht weg sind.«

»Ach, der ruft mal kurz an, dann hatter gleich 'n paar Neue.«

»Na gut, wenn wieder einer fliegen soll, müssen wa eben bis zum Schluß Tacheles reden, nix Versöhnung und Verwarnung und den Quatsch und wenns nischt nutzt, dann geht eben was kaputt.«

»Genau. Für jeden Entlassenen eins von ihren Geräten.«

»Ist das nicht verboten?«

Erstens das und zweitens sind wir sowieso Maulhelden und außerdem auf verschiedene Sozialämter und Sachbearbeiter verteilt und haben auch sonst nichts weiter miteinander zu tun.

Nächste Woche sind ein paar von uns weg, es kommen

neue dazu, was ja nicht schlecht ist, um sie mit schönen Gedankenviren zu infizieren. Die jetzige Belegschaft kommt jedenfalls frühestens erst nach zwei Wochen wieder zusammen. Was soll da schon groß passieren...

Wir verbringen die verbleibenden gemeinsamen Tage mit Laub kratzen[2] und dem Bürgertum beim Verrotten zukucken: monumentale Grabtafeln mit vier bis fünf Generationen von Kommerzräten, Direktoren und deren AngetrautInnen, diverse Offiziere nebst Witwen, aber auch Grabkonstellationen wie diese: Dr. med. Karl MARX, direkt neben Bernhard ENGEL (ohne »S«), wahrscheinlich ein Scherz der Friedhofsverwaltung.

Am letzten Tag hole ich meine Papiere ausm Büro. Herr Stephan sieht mich aus zusammengekniffenen Augen durch seine randlose, irgendwie an Heinrich Himmler erinnernde Brille an und fragt: »Was riecht denn hier so nach Alkohol?« (Drohung)

»Na icke – weil ick jesoffen habe!« (Kampfansage)

Es entspinnt sich ein kurzes feindseliges Gespräch, in dem Stephan, wie ich mit klammheimlicher Freude bemerke, verkniffen seine Autorität behaupten will, was in dem vermeintlich tödlichen Satz mündet: »Wenn Sie das nächste mal hier sind, stell ich mich vor Sie hin und wenn Sie dann nach Alkohol riechen ...«

»... kotze ich Sie voll!«

Fein gestoppt, Stein.

Stephan ist auch sichtlich überrascht, fängt sich jedoch, schiebt ein Lächeln zwischen die Ohren und sagt: »Das macht mir nichts aus ...«

[2] Der in diesem Zusammenhang auch von mir benutzte Begriff »Zwangsarbeit« ist ein negativer Euphemismus von Leuten, die auch schnell mit »Faschismus!« bei der Hand sind. Doch der Weg zum Arbeitslager ist noch weit. So schön hätten's die Polen und Russen damals bestimmt gern gehabt. Eher handelt es sich um ne Art softes Trainingsprogramm für Arbeiter der Reserve, allerdings mit fieser Strafandrohung bei Disziplinverletzungen.

Nun bin ich überrascht. Ist er geisteskrank? Pervers? Schwerhörig?

»... wir können ja nach Feierabend mal einen trinken gehen.«

Ach so, DIE Platte.

Ich verkneife mir ein »bin ich schwul?!« (zu flach) und ziehe zufrieden von dannen, um mich zwei Wochen zu entspannen.[3]

Versäumen Sie nicht die nächste Folge: Wird Stein mit Stephan einen trinken gehen? Wird Stein kotzen? Und wann bewaffnen sich die Kollegen?

[3] An wen diese Runde wirklich ging, sei nun dahingestellt. Interessant wäre, ob Stephan neben Anherrschen und »nach Feierabend einen trinken gehen« noch was drittes Schönes zur Auswahl hat, z.B. ne gut bezahlte Stellung als Vorharker: »Sie sind doch intelligent Herr Stein, durchsetzungsfähig, kompetent (Alkohol), ich biete ihnen Zweifünf im Monat, Urlaubsgeld und freie Arbeitseinteilung. Kommen Sie, wann Sie wollen, so oft Sie wollen und in welchem Zustand Sie wollen.« Wir bleiben dran.

Aus *Salbader*, Nr. 15/1995

Meine Höhepunkte 90/91

19. Kapitel

Im Folgenden möchte ich Ihnen einen kleinen Einblick geben in die Geheimnisse des literarischen Schaffens.

Unsereins kriegt immer nur dann den Arsch hoch, wenn das Geld knapp wird. Man sagt ja von Schriftstellern, daß sie in der Regel 'n Anliegen haben, meist 'n moralisches oder 'n sonstwie unverdautes Problem. RILKE z. B. soll an 'ner schmerzhaften Verengung der Vorhaut gelitten haben, und das hört sich dann so an:

»Und er fragt eine Frau, die sich zu ihm neigt: Bist Du die Nacht?

Sie lächelt. Und da schämt er sich für sein weißes Kleid. Und möchte weit und allein und in Waffen sein. Ganz in Waffen.«

Ich versuch mir grad vorzustellen, wie das ist, ne schmerzhafte Vorhautverengung. Es soll Leute geben, die sich sowas künstlich zufügen.

Zur Luststeigerung.

Also, du hast da permanent 'n Druck aufm Schwanz, und das tut säuisch weh. Immer wenn de drauf bist, tut's weh. Mit andern Worten: Immer wenns abgehen soll, wirste voll Stoff gebremst. Geil = jaul! Eine miese Gleichung.

Also, wie löste das Problem? Indem du nicht an Brüste und Schenkel denkst, sondern dir lieber Bilder von Frauen machst, die dann so klingen:

»Sie bauen Stunden aus silbernen Gesprächen, und

manchmal heben sie die Hände so – und du mußt meinen, daß sie irgendwo wo du nicht hinreichst, sanfte Rosen brächen, die du nicht siehst. Und da träumst du: Geschmückt sein mit ihnen und anders (!) beglückt sein. Und dir eine Krone verdienen für deine Stirn, die leer ist.«

Joyce hatte das Problem, extrem kurzsichtig zu sein. Er konnte später nur noch mit Lupe lesen. Alles, was so rundherum passiert, tritt zurück hinter dem, was innen drin passiert.

So blieb ihm vieles ein Geheimnis. Joyce rächte sich, indem er betont kryptisch schrieb. Einige nennen sowas sogar mystisch. Er fragte seine Sekretärin, wenn er zwischen zwei Worten zu wählen hatte, welches von beiden sie weniger verstand, und das nahm er dann.

Kafka litt unter extremen Zwangsvorstellungen, die er zu humoristischer Literatur verarbeitete. Aber, und das ist die für einen Autor entscheidende Frage: Worunter leide ICH eigentlich?!

Und warum schreib ich dann überhaupt? Und ist jeder, der leidet, ein großer Künstler?

Und für welches Leiden soll man sich entscheiden?

Wollen Sie eher sexuell oder lieber politisch schreiben?

Suchen Sie das für Ihre dichterische Veranlagung adäquate Leiden!

Also hab ich mich ‘n bißchen bei meinen Neurosen umgesehen.

1. Ich hab z. B. ne panische Angst vor Darmkrebs. Da wird dir der halbe Mastdarm rausgerissen, und du kriegst ‘n künstlichen Darmausgang am Bauch. Damit kannste im Stehen kacken. Überall. In der Straßenbahn, am Tresen oder aufm Konzert. So kann man sich auch bestimmte Krankheiten nicht mehr holen, weil man nicht auf irgendwelchen Brillen sitzen muß. Im Gedränge muß man natürlich aufpassen, daß das Ding nicht zerquetscht wird und samt Inhalt ausm Hemd quillt. Ich weiß nur noch nicht, wie ich daraus Literatur machen soll.

2. Ich habe z. B. die Zwangsvorstellung, alles um mich herum sei nur eine Erfindung meines Geistes, bzw. alles sei für mich inszeniert, um mich irre zu machen. Ich meine, das würde heißen, 'ne Menge Leute wäre mit nichts anderem beschäftigt, als mir, überall, wo ich auftauche, 'ne erstklassige Performance zu bieten, und zwar rund um die Uhr. Jederzeit bereit sein, und dabei auch noch so überzeugend, daß der Schwindel nicht auffliegt.

Wer hat diese Leute bezahlt? Und warum? Das kostet doch 'n Vermögen. Oder sind das alles ABM-Kräfte? Wenn ich das sonem Hungerleider in Äthiopien erzähle, der flippt doch aus, wenn er das hört! Aber wahrscheinlich ist der auch gekauft. Kennwa doch. Stecken doch alle unter einer Decke.

Meistens verbindet sich diese sicher etwas krankhafte Idee mit meiner Zwangsvorstellung No. 3.

Der Zwangsvorstellung, immer wenn ich an einem Tresen stehe, Whiskey trinken zu müssen. Und zwar solange, bis diese Vorstellung im Rausch ersäuft. Ist sie erstmal ersoffen, dann muß ich auch nicht mehr trinken. Nein, es geht sogar soweit, daß mir beim nächsten Schluck kotzübel würde. Oder daß ich das letzte Glas umstoße und vom Hocker falle. Das ist dann sozusagen die Katharsis, genauer: die Erlösung. Und wenn du erlöst bist von deiner Zwangsvorstellung, dann kannste nicht mehr schreiben, nicht wahr, der Druck fehlt. Also müßte ich vorher zu trinken aufhörn, mitten in der Zwangsvorstellung, oder wie oft fälschlich gesagt wird: Volltrunken läßt sich schlecht dichten. Ich meine aber, daß es nicht am Besoffensein liegt, sondern an der Befreiung vom Zwang.

Also wie gesagt, ich krieg den Arsch nur hoch, wenns Geld alle ist. Oder wie die berühmte – übrigens auch von streikenden Arbeitern kolportierte – Parole heißt: Solang der Arsch noch in die Hose paßt, wird keine Arbeit angefaßt! Das ist auch der Grund, warum dieser Text hier endet. Wiglaf hat mir zwei Mille geliehen.

20. Kapitel

28. April gegen 17 Uhr. Sitze hier in Wahmbeckerheide mitten in der Provinz bei Detmold, in der Pfanne dünstet Ziegenfleisch, und vor mir stehen die Reste einer 3/4-Literflasche Gordons Dry Gin.

Die zwei Mille von Wiglaf sind inzwischen aufgebraucht, nicht zuletzt deshalb, weil ich in letzter Zeit vorwiegend an dieser Tresenneurose gelitten habe.

Aber vielleicht wollte ich auch nur meine Angst vor bestimmten Krankheiten ersäufen. Es gibt nämlich außer Darmkrebs noch ganz andre Hämmer, z.B. langsames Erblinden durch Zucker. Ich weiß allerdings nicht, was schlimmer ist: langsames Erblinden oder schlagartiges: Sie wachen morgens auf und machen die Augen auf, und Sie sehen nicht richtig, nur son Schleier, alles ganz neblig, und Sie reiben sich die Augen, um das weg zu machen, aber es geht nicht weg, und langsam werden Sie unruhig, und dann werden Sie sauer, und dann rast Ihr Herz, weil das darf doch nicht sein! Nein, nein! Scheiße verdammte, ich kann nicht mehr sehen, Scheiße, Hilfe, Hilfe! Oh Gott, es darf nicht wahr sein, nein, es ist ganz sicher nur vorübergehend, ganz bestimmt, jaja, ganz ruhig bleiben, ganz ruhig, eine momentane Nervenstörung, aber ich will schnell zum Arzt, wer bringt mich hin, Dieter anrufen, schwer zu wählen, nein, es ist nichts Schlimmes, neinnein, ich will nur wissen, was los ist, jaja, na, nu mach keine Panik, sag ich, aber mein Herz schlägt bis zum Hals, naja, ganz ruhig, aber ich find mich damit schon mal prophylaktisch ab, damit der Schock der Diagnose nicht so groß ist, also und dann sind wir endlich da, und der Doc fragt:

»Was führt Sie zu mir?«

Ich sage: »Ich kann nicht mehr sehen.«

»Schon länger?«

»Nein, seit ‘ner Stunde, ich meine, ich will ja keine Panik schieben, aber ich wüßte schon ganz gerne«, sag ich ganz cool. Naja, und nach ‘n paar Minuten sagt er dann:

»Man muß das endgültige Ergebnis natürlich noch abwarten, aber ich möchte Sie schon mal darauf vorbereiten, daß Sie vielleicht nie mehr, aber Sie haben ne gewisse Chance, sagn wa mal 20 zu 70.«

»20 zu 70 sind doch nur 90«, sag ich.

»Naja 100prozentig kriegen wir das nicht mehr hin«, sagt er, »aber wichtig ist, dasse dran glauben, dasses wieder wird, also das ist das Wichtigste, daß Sie gut drauf bleiben, also das ist schon die halbe Miete. Klar, ist ziemlich ätzend sowas, nichts mehr sehen und so und ganz plötzlich, das ist schon ‘n echter Schock, aber da müssense durch. Hier, nehmse mal ‘n Schluck. Habense denn jemand, der sich um Sie kümmert?«

»Ja, Sabine«, sag ich, »und Dieter bringt mich schon nach Hause.«

Ich muß die aufwallende Verzweiflung unterdrücken, weil das niemanden was angeht, das muß ich erstmal mit mir selbst klarmachen, ganz mit mir selbst, niemand kann mir da helfen, niemand. Das kann dir keiner abnehmen, keiner. Niemand und keiner.

Mann, bin ich jetzt Scheiße draufgekommen, das kann sich ja keiner reintun, das ist ja ganz furchtbar, ich hab jetzt überhaupt keine Lust mehr, weiter zu schreiben. Bäh. Ist mir schlecht. Jetzt kann ich nicht mehr schreiben. Dit haste nu davon.

2. Mai

So geht das nicht weiter. So komm ich doch nie zu was. jetzt hab ich extra nicht mehr an Krankheiten gedacht, um endlich was schreiben zu können, und was passiert?! Ich krieg wahrscheinlich, weil ich zu viel von der Ziege gefressen hab, ‘n vollen Juckreiz im Auge, ganz rot das Ganze, und ich such in der Hausapotheke nach Augentropfen und find da auch ‘n Fläschchen, schütt’s mir in die Augen und – verdammte Scheiße! – es brennt wie Sau, und ich kuck nochma auf die Flasche, und da les ich durch meine schmerzverkniffenen Sehschlitze: *Merfen Orange*, und die Flasche sieht genauso aus wie meine Augentropfen, aber es is ‘n Desinfektionsmittel, Scheiße, Scheiße, Scheiße, ich schütt mir ‘n Liter Wasser rein, doch es kommt immer schlimmer, das Teufelszeug trocknet die Augen völlig aus, da kann ich schütten, was ich will, und ich beschließe, da ich gerade nicht krankenversichert bin, die Geschichte mit ner halben Flasche Enzian zu bereinigen.

Enzian! Göttliches Gesöff. Geschenk des Himmels! Das Zeug brennt im Maul, inner Kehle und im Magen, der schickt als Empfangsbestätigung noch ca. 200 ml Magensäure hoch, ich weiß gar nicht, was mehr brennt, meine Kehle, meine Augen oder mein Magen, aber langsam läßt der Schmerz nach, ich bin wohlig breit, und meine ausgetrockneten roten Augen starren dumpf in den Badezimmerspiegel, ohne was zu sehen, nur so ‘n formloses Gesicht mit entgleisten Zügen, mit roten Augen ohne Glanz und nem magenkranken Grinsen im Maul.

Mann, ist das ätzend!

Heute kann ich jedenfalls nichts mehr schreiben.

10. Mai

Habe immer noch keine einzige Zeile zu Papier gebracht.

Werde auf einmal von der Zwangsvorstellung behelligt, mir fiele nichts mehr ein, was nicht schon von Rainer Maschinski geschrieben worden wäre, bzw. was Rainer Maschinski nicht zehnmal besser schreiben könnte.

Ich weiß, daß das Unsinn ist, weil Rainer Maschinski kann überhaupt nicht schreiben, aber gerade das gibt mir zu denken. Jedenfalls geht das nicht mehr weiter so.

Heute das erste Mal daran gedacht, Psychofarmaka zu nehmen.

18. Juni

Hüte dich vor Zen! Wer so kurz vorm Nirvana steht wie ich, wer es schon riechen kann, ja fast ertasten, der, liebe Leser, steht kurz vorm NICHTS.

Ying und Yang, einerseits und andrerseits, hell und dunkel ist nicht weit entfernt von Jacke wie Hose.

Wer beide Seiten kennt und darüber seine Sympathien verliert, der ist verloren! Verloren im sanften Strom der Altersmildheit, kann er sich selbst dieser schwachen – weil ausgeglichenen – Energie nicht mehr widersetzen. Der Strom verebbt und wird alsbald zum faulig muffelnden Tümpel. Das Wasser verstinkt und versickert. ÄH BÄH! So will ich nicht enden!

Deshalb hab ich lange überlegt, ob ich folgenden Kalauer zum Besten geben soll:

Wird ein Dichter beim Dichtertreffen gefragt:

»Was wollen Sie eigentlich?«

»Sie meinen mein Anliegen?! Moment ... (sucht im Jackett) ... wo isses denn ... habs grad nicht dabei, könnten Sie mir mal kurz Ihr's ausleihen?«

Dieser Kalauer ist nicht komisch. Er ist fade. Er drückt die Verlorenheit des nichts wollenden Allwissenden aus.

Er ist der Todeshauch eines jung Vergreisten. Ich werde ihn nicht zum Besten geben.

1. Juli

Endlich ein paar Zeilen geschrieben. Die Psychofarmaka haben, möcht mal sagen, gut angeschlagen. Ich fühl mich gut, intelligent, fantasievoll und witzig. Maschinski kann mich mal im Arsche lecken, Maschinski wird Augen machen! Und Sabine, die ein Verhältnis mit diesem Maschinski hat, kann sich ja überlegen, mit wem sie ihre Zukunft gestalten will: mit Maschinski, diesem öligen nötigen Kreuzberger Möchte-Auch-Mal-Schreiben-Können oder mit MIR ...!

Gut, Maschinski sieht gut aus und hat die bessere Wohnung, und er kann auch viel besser so tun, als sei er verrückt, er ist ein echter Verrückter, ja, so völlig durchgeknallt, weil seine Alten schieben ihm monatlich immer 'n paar Riesen rüber, damit er nicht so schäbige Sachen machen muß wie ARBEITEN oder gar regelmäßig SCHREIBEN. Aber genau DAS kann er nicht.

Maschinski kann nicht schreiben, und das macht ihn heimlich fertig, das würde er nie zugeben, aber er weiß es. Er weiß es, und er weiß, daß ich das weiß, nein, er weiß es noch nicht, weil Sabine ihm bestimmt immer erzählt, wie ich denke, dasser besser ist als ich, aber gegen DIESE Zeilen isser machtlos, das wird er zugeben müssen, er wird es zugeben müssen. Und Sabine wird es sehen, und Sie ahnen ja gar nicht, wie sowas auf die Libido geht, also wie das anregt, wenn man was Großes schafft, da läufste mit 'm Schwanz rum wie 'n Deckhengst...

Aber hören Sie selbst:

HODENKREBS – OOOUUH SCHEISSE!....

Ich habe diesen Text beim Klagenfurter Wettrennen ..., Weglesen..., Wettlesen eingereicht, ich wünsche mir den ersten Preis..., und dann könnense mich zu Ingeborg Bachmann in 'n Sarg legen – am besten in der Missionarsstellung.

Aus *Salbader,* Nr. 16/1995

Was sozial Sinnvolles

Neulich beschlossen, auch mal was sozial Sinnvolles zu tun, sozusagen der Gesellschaft zurückzugeben, was sie aus mir gemacht hat oder so ähnlich (»Das kriegst du wieder!«). – Ist doch nur recht und billig...

Zuerst muß ich mal hinkucken, wo die Probleme eigentlich liegen. Ich meine jetzt nicht die vier Grundübel unserer Gesellschaft: Parodontose, Körpergeruch und unzureichende Versicherung. Da kümmern sich schon genug drum. Nein, ich meine die kleinen Probleme, die, wo man schon richtig die Augen aufmachen muß, um sie überhaupt zu sehen. Das sind oft ganz nichtig scheinende Dinge. Schwierigkeiten, die niemand so richtig wahrnehmen will, vielleicht auch, weil sie unlösbar scheinen. Man hat sich mit ihnen abgefunden.

Ich bin z. B. gerade dabei, eine Schritt-Technik für unterschiedlich große Partner zu entwickeln – wie schön wäre es doch, wenn unterschiedlich große Liebespaare in rhythmischem Einklang flanieren könnten, eng umschlungen oder untergehakt, und doch im gleichen Schritt-Takt. Stattdessen ist da ein Geholper und Gestolper, der Mann versucht zu trippeln, wohingegen die Frau sich fast die Beine auskugelt, um Schritt zu halten. Das ist unwürdig, sieht lächerlich und verkrampft aus und stört die Konversation.

Ja, und dann will ich einem weiteren Problem abhelfen: Ich werde Stimmbildung machen bei Leuten, die Stimmen hören, aber nicht richtig verstehen, was die sagen, weil sie entweder nuscheln, stottern, oder zu leise sind. So ‘ne nachlässige Aussprache ist nicht nur lästig, sondern kann auch zu schrecklichen Irrtümern führen, wie neulich in Neukölln bei dem Ehemann, der seine Frau ermordet hatte, nachdem er Stimmen hörte, die gesagt haben sollen: »Du sollst sie töten, töte sie!«

Dabei hatte die Stimme »löten« gesagt.

Ja, Scheiße ist das.

Aus *Salbader*, Nr. 16/1995

Mike Hummer

Der Mann mit dem Kopf wie 'n Brett

Er war eine der miesesten Figuren im Viertel, genau genommen die mieseste. Wahrscheinlich nicht nur im Viertel, sondern in der ganzen Stadt, ach, was rede ich: im ganzen Land.

Vergleichsweise miese, schmierige und widerwärtige Figuren wie Ringo, die Ratte, hatte es in der Geschichte der Menschheit nur wenige gegeben, es fallen mir auf Anhieb nur drei ein: Idi Amin, Viktor Worms, Bugs Bunny und Elisabeth Noelle-Neumann.

Er hatte sich unter anderem einen Namen als Beischlafdieb und Menschen- und Gemüsehändler gemacht; außerdem gehörten ihm drei Viertel der Pudelsalons der Stadt und gut die Hälfte aller Kondom- und Kaugummiautomaten. Doch das Schlimmste von allem war, daß Ringo, die Ratte, eine gottverdammte Tunte war, ein verdammt parfümierter warmer Bruder. Ich wußte, ich würde ihn eines Tages kalt machen, so kalt wie sein geliebtes Vanilleeis in Schokotunke. Dieser Tag war noch nicht gekommen. Doch ich hatte Zeit, viel Zeit.

Ich klopfte. Ein Gorilla öffnete mit grimmigem Blick und sah mich wortlos von oben bis unten an.

»Was los?«

»Ich will zu Ringo.«

»Was ist, Bruno?«, flötete es von hinten.

»Da is einer, der will Sie sprechen, Boß.«

»Na, laß ihn rein... Ah, Hummer, das ist aber eine

Überraschung. Was führt Sie zu mir? Nehmen Sie doch Platz. Einen Drink?«

»Whisky Soda.«

»Schatz, mach dem Süßen doch 'n Whisky.«

»Verdammt überrascht, daß ich komme, was Ringo?«

»Sie plappern mir nach, ich sagte es bereits.«

Ich sah der hochgewachsenen Blonden nach, als sie zur Hausbar tänzelte. Sie hatte Beine bis zum Hals und sah auch sonst verdammt gut aus. Sie hieß eigentlich Detlef und hatte vor 'nem Jahr von Hackethal ein paar erstklassige Titten angeschraubt bekommen. Blondie war Ringos große Liebe.

»Du weißt, was ich will, Ringo?!«

»Wüßte nicht, was ich wissen sollte.«

»Du weißt, was ich meine, was du wissen solltest.«

»Wüßte nicht, was ich wissen sollte, was Sie meinen, was ich wissen sollte.«

»Du weißt, daß ich weiß, daß du weißt, was ich meine, was du wissen solltest.«

»Wüßte nicht, was ich wissen sollte, was Sie meinen, was ich wissen sollte, was Sie meinen, was ich wissen müßte.«

»Falsch! Wissen *sollte*, nicht *müßte*! Ich habe gewonnen, ich habe gewonnen, du hast *müßte* gesagt statt *sollte*, hehe, ich habe gewonnen!«

Leider dachte Ringo, die Ratte, nicht im mindesten daran, meinen Sieg anzuerkennen.

»Bruno, gib dem Herrn ein paar Speicheleinheiten.«

Ich saß gefesselt auf dem Stuhl vor Ringos Schreibtisch und harrte der Schläge: »Streicheleinheiten ist gut gesagt. Wenn dein Gorilla mich berührt, leg ich ihn um, irgendwann, ist das klar?! Ich verzichte auf die Streicheleinheiten!«

»Streicheleinheiten? Davon redet doch keiner. Ich rede von Speicheleinheiten. Bruno, zeig ihm, was ich meine.«

»Gerne, Boß. Ccchhhrrrzspuck!«

Es war das Schlimmste, was mir je angetan wurde. Man

hatte mir schon mal das Nasenbein gebrochen oder zwei Vorderzähne ausgeschlagen. Aber das hier hatte noch *nie* einer gemacht.

»Machen Sie den Mund auf, Hummer!«

Ringo rotzte mir eine fettige, grüne und mit Sicherheit hochgradig aidshaltige Aule ins Maul. Den Geschmack zu beschreiben, ist mir nicht möglich. Die Konsistenz zu beschreiben, ist eigentlich ungeheuer widerlich. Ich laß es lieber, mir wird schon wieder schlecht, wenn ich nur daran denke.

Ich erwachte nach ein paar Stunden Schlaf, die mir wohl die ekelerlösende Ohnmacht verschafft hatte.

Bruno saß neben meinem Stuhl. Ich war immer noch gefesselt. Ich mußte hier raus, koste es, was es wolle. Ich wußte, sie würden mich zu Tode ekeln. Ich versuchte einen uralten Trick: »Bruno, weißt du eigentlich, daß dein Chef eine schwule, homosexuelle, arschfickende und schwanzlutschende, gottverdammte Tunte ist?«

»Das ist nicht wahr.«

»Aber sicher, Bruno. Und du, du bist 'n richtiger Mann, ein ganzer Kerl, und läßt dir von 'nem Homo Befehle erteilen?«

»Mein Boß is kein Homo. Ich hau dich tot, wenn du das noch mal sagst.«

Scheiße, danebengegangen. Aber wenigstens sprach er nicht von Speicheleinheiten. Das beruhigte mich ein wenig.

Aus *Salbader,* Nr. 18/1996

Als ich ein Genie wurde

Woran merkt man eigentlich, daß man ein Genie ist? Die andern sagens einem ja nicht. Ich glaube, das ist das Schicksal von Genies, daß die andern es einem nicht sagen. Das liegt wahrscheinlich daran, daß die andern es gar nicht merken, was man eigentlich für ein Genie ist. Bei mir war das so:

Eines Tages sitze ich allein zuhause. Ich dichte. (So vor mich hin.) Was soll man auch machen allein zuhause. Ich kriege schon länger keine Besuch mehr. Früher war ich oft mit Freunden unterwegs. Aber das hat sich gelegt. Man unterhält sich nicht besonders gern mit mir, weil ich so intelligent bin. Ich weiß, das merkt man nicht auf den ersten Blick, aber wenn ich den Mund aufmache dauert es keine zehn Minuten und der andere setzt sich weg.

Das mache ich oft, fremde Menschen im Café anquatschen, in ein qualifiziertes Gespräch verwickeln, das sie aus ihrem inferioren Gedankenbrei herausreißt. Aber der Mensch will das nicht. Lieber small talk und Gemeinplätze, ist ja auch viel bequemer so. Viele hören mir erst gar nicht zu. Würd ich auch machen, wenn mir was zu hoch ist. Sie tun dann so, als wäre ich gar nicht da. Aber ich weiß genau, daß ich da bin und da rede ich dann erst recht. Mit mir kann man sowas nicht machen.

Neulich hat einer einfach weiter Zeitung gelesen. Dabei habe ich direkt neben ihm gesessen. Ich habe ihm gesagt, daß der *Spiegel* ja nicht gerade ein besonders intelligentes

Blatt ist. Er hat überhaupt nicht reagiert. Da habe ich einfach etwas lauter geredet. »*BILD* am Montag!« habe ich gesagt und ein überlegenes Lächeln zur Schau getragen. Keine Reaktion. »Haben Sie den Witz verstanden? Sie haben den Witz wahrscheinlich nicht verstanden, mein Herr! *BILD AM MONTAG*, haha, habe ich gesagt, verstehen Sie: *BILD AM MONTAG*!« (überlegenes Lächeln).

Bei den letzten Worten war ich ganz nah an seinem rechten Ohr. Der Herr ist dann aufgestanden und hat sich weggesetzt, allerdings nicht ohne mir vorher noch ans Knie zu treten. »Ah ja, DAS sind also Ihre Argumente! Damit haben Sie sich ein geistiges Armutszeugnis ausgestellt, mein Herr!« Als der Herr nochmals aufstand, bin ich schnell weggehumpelt.

Aber ich bin etwas abgeschweift.

Daß ich wahrscheinlich ein Genie bin, habe ich an dem Tage gemerkt, von dem ich anfangs erzählte. Ich saß also allein zu Hause und dichtete. Als das Gedicht nach Stunden fertig ist, lese ich es mir laut vor. Es ist so intelligent, daß nicht mal ich es verstehe. Sollte ich sogar noch klüger sein als ich?! Das ist eigentlich kaum noch möglich. Ich lese nochmal:

»Die Ewigkeit hält sich in Grenzen: leicht, in ihren gewaltigen Meß-Tentakeln, bedachtsam, rotiert die von Fingernägeln durchleuchtbare Blutzucker-Erbse.«

Boah! Ja, das habe ich geschrieben. Ich bin tatsächlich noch unendlich besser, als ich dachte. Ich bin ein Genie. Ich werde jetzt unter die Menschen gehen, es ihnen zu sagen.

Aus *Salbader,* Nr. 10/1997

Ich bin ein Künstler

Eine Reflexion aus:
Meine Höhepunkte 95/96

Man weicht der Welt nicht sicherer aus als durch die Kunst, und man verknüpft sich nicht sicherer mit ihr als durch die Kunst.

Göte, Wahlverwandtschaften.

Ein mehr oder weniger von vornherein vergurkter Tag das: 1,50 DM auf Tasche, drei Schultheiss im Kühlschrank und Krauser-Reste hier und da und ein leeres Bett. Jedenfalls nicht das, was anspruchsvolle Menschen wie ich als Lebensqualität ansehen würden.

Aber ich bin ja Künstler. Durch und durch.

Selbst als ich letztes Jahr LKW gefahren bin, habe ich nicht irgendwelches Zeug gefahren und geschleppt – es waren Skulpturen und Bilder. Schlimme Bilder. »Haben Sie das gemalt, haha?«, fragten einmal Straßenarbeiter, als mein Kollege und ich mit einer riesigen Unsäglichkeit in Pastell über den Gehweg schwankten. »Neinnein, wir machen nur den Transport.«

»Könnte von meiner Tochter sein, die is' fünfe, haha.«

»Ja, haha«, sage ich, »meine kann das jetzt schon, und die ist erst gerade mal zweie.«

Es ist sonst nicht meine Art, anderer Leute Kinder als zurückgeblieben zu brandmarken, aber ich kann Arbeiter nicht leiden, denen die *Bild*-Zeitung aus dem Maul tropft, wenn sie über Kunst reden. Auch wenn sie zufällig mal recht haben.

Ich bin Künstler. Früher, als ich wirklich einer sein wollte, habe ich mich gegen diese Berufsbezeichnung verwahrt. Ich war als Journalist arbeitslos gemeldet. Das hat mir nur Ärger gebracht. Hätte ich beim Arbeitsamt *Künstler* gesagt, *Dichter*, *Schriftsteller*, was weiß ich, würde ich heute noch Staatsgelder kassieren; aber als Journalist giltst du als arbeitsmarktkompatibel, als irgendwie den Realitäten verpflichtet und gewachsen. Journalisten sind flinke, lebenstüchtige und skrupellose Existenzen, auf der Höhe der Zeit, stets bereit! Ein Dichter hingegen ist weltfremd, versponnen, er führt ein Leben im Paralleluniversum und bedarf der besonderen Obhut des Staates. Er ist per se ein 1a Sozialfall.

Der Künstler genießt mehr Freiheit als der gewöhnliche Mensch. Wenn ein Journalist schreibt: »Der Kanzler ist eine verkackte arschfickende Schwuchtel«, dann gibt das massiven Ärger. Wenn aber das Satireblatt *Titanic* daraus sogar eine Serie macht, fällt das unter *Kunstvorbehalt* und wird geduldet, möglicherweise sogar preisgekrönt.

Deshalb habe ich beschlossen, Künstler zu sein.

Eingedenk der Tatsache, daß mein schriftstellerischer Ehrgeiz mehr denn je gegen Null strebt, und ich mein Geld lieber mit Mädchenhandel und Drogen verdiente, bedarf das natürlich der massiven öffentlichen Behauptung: Ich bin Künstler! Ich bin Künstler! Ich bin Künstler!

Ich deklariere all mein schäbiges Tun als Kunst! Was heißt hier Waffenhandel und Prostitution?! Das ist Aktionskunst, Mann! Unsichtbares Theater! Augusto Boal! Büro für ungewöhnliche Maßnahmen! Situationismus! Über Kunst läßt sich zwar streiten, aber – hähä – was Kunst ist, entscheidet letztlich der Künstler. Aufruf zum bewaffneten Widerstand?! Hahaha, daß ich nicht lache, da lach ich doch, hahaha, und wie ich da lache, haha... Wir haben die Siegessäule gesprengt. Ja und? Das ist eben unser Verständnis von bildender Kunst: Veränderung vorhandener Materialien, sie in eine neue Beziehung zueinander und zur Umwelt setzen. Man muß natürlich aufpassen, daß man nicht in die Klapse kommt.

Um die Kunst unter Kontrolle zu halten, hat das herrschende Schweinesystem nämlich den Wahnsinn erfunden: Da Kunst nicht bestraft werden darf in einer Demokratie, bedarf es einer Kategorie, die genau so schwammig ist wie die der Kunst, aber als Rechtsnorm höher angesiedelt: Der Wahnsinn, das Irresein. Der Verrückte muß vor sich selbst geschützt werden. Und die Gesellschaft vor ihm.

»Angeklagter Stein, was heißt hier, Sie wollten sich in Wirklichkeit gar nicht in die Luft sprengen mit diesen drei Handgranaten da inmitten einer Menschenmenge vorm verhüllten Reichstag, um auf die Situation all der unbekannten verarmten Berliner Künstler hinzuweisen... Die Dinger waren scharf, Angeklagter Stein!«

»Ich mache eben nur wahrhaftige Kunst, Herr Richter, mit Spielzeug wäre ich nicht ins Fernsehen gekommen...«

Naja, am Anfang hatte ich noch viel Besuch in der geschlossenen Abteilung, aber meine Freunde fingen bald an, sich zu langweilen mit mir; das Gespräch ist ja auch eher schleppend mit einem, der unter starken Beruhigungsmitteln steht – ich würde ja auch nicht hingehen – und so war ich bald ganz allein, was aber auch nicht weiter schlimm war, da ich es gar nicht mitbekam, so war ich im Dschumm. Jaujau.

Wie dem auch sei: Ich bin Künstler, durch und durch. Basta. Alles, was ich tue, ist vom Geist der Kunst durchweht. Selbst das Alltäglichste. Wie z.B. mit 1,50 DM, drei Schultheiss und Krauser-Resten und ganz ohne Weib hier und da über den Tag kommen.

Wenn ich damit bis heute abend durchhalte, habe ich gewonnen. Dann habe ich nämlich einen Auftritt im Parkhaus Treptow mit netten Kollegen und erhalte im Anschluß 100.- DM. Bis dahin könnte ich meine Zeit totschlagen mit am Schultheiss nippen, Krümel zusammenkratzen und wixen. Ich könnte auch Leute anrufen, mir Geld borgen und fragen, ob Nadia da ist. Ich könnte alles mögliche tun, das, was eben alle tun, die keine Künstler sind, sondern Journalisten, LKW-Fahrer und Arbeitslose.

Ich aber mache das einzig Wahre. Das Wahrhaftige:

Ich schreibe.

(An dieser Stelle erwarte ich Szenenapplaus.)

Eigentlich ein schöner Schluß: *Ich schreibe.* Ich sollte hier aufhören. Aber ich kann nicht.

In meinen Augen das Schlimmste: Nicht aufhören können! Bands, die nicht von der Bühne gehen, obwohl alle den Hauptakt erwarten. Kabarettisten, die Zugabe auf Zugabe geben, ohne daß auch nur die geringste Nachfrage besteht (ich will jetzt keine Namen nennen). Frauen, die immer weiter nachhaken, obwohl man doch eigentlich alles gesagt hat.

Und so einer bin ich jetzt auch!

Ich merke, wie das nervt, wie Langeweile den Raum füllt, wie ihr noch denkt: Na, das wird ja vielleicht noch lustig, aber dann wird es nur zäh, zäh und zäh. Manche werden ungehalten, und es dauert nicht mehr lange, und dann kommt der erste Zwischenruf von irgend einem Journalisten, LKW-Fahrer oder Arbeitslosen:

»Aufhörn!«

Ich aber sage: »Ich höre dann auf, wenn es mir paßt. Ich bin Künstler!«

»Und was hast du uns zu sagen, großer Künstler?«

»Ne Menge, aber das versteht ihr erst in hundert Jahren.«

Das ist ja das Schöne am Künstler-Sein. Du kannst dir unheimlich viel rausnehmen; und: Wer auf der Bühne steht, hat erstmal recht. Es stellt sich doch keiner auf die Bühne, der kein Recht dazu hat. Na also.

Kunst üben kann nur der Erkorene,
Kunst lieben jeder Erdgeborene. (Anastasius Grün)

Und deshalb bin ich hier oben, und ihr seid da unten. Wenn ihr was zu sagen hättet, wärt ihr ja hier oben. Aber ich bin hier oben. Ich bin der Künstler, und ihr seid das Publikum. Wird schon seinen Grund haben, das alles.

Was mich ein wenig traurig stimmt an diesem berechtigten Niveauunterschied: Die Menschen trauen sich oft nicht, mit uns zu sprechen. Ich verstehe zwar, daß ihr uns für Götter haltet oder zumindest für so hoch über euch stehend, daß es einem Frevel gleichkäme, uns mit eurem bescheidenen Geiste, mit euren schlichten Fragen nach dem Auftritt zu behelligen...

Aber wahrlich, ich sage euch: Nichts wünscht sich der Künstler sehnlicher, als ein Gespräch mit z.B. einer reizenden Dame, in dem er ihr noch einmal seine dichterischen Intentionen nahebringen kann. Und das hat nichts von den primitiven Groupie-Spielchen irgendwelcher Rockbands, schließlich geht's bei uns nicht um Arschwackeln mit Gitarre, sondern um Inhalte; oder wie Kollegin Sarah Schmidt einmal sagte: »Vor allem knackig muß er sein.... – Aber auch nicht zu doof!«

Ich möchte mit einem versöhnlichen Wort Götes schließen:

Was wär ich ohne dich, Freund Publikum:
All mein Empfinden Selbstgespräch
All meine Freude stumm.

Ich danke Ihnen für ihre Hörig... äh, Aufmerksamkeit... – Für's Zuhören.

Jungle World vom 6. Dezember 2007

»Selber die Situationen schaffen, über die man schreibt«

Dan Richter im Gespräch mit Michael Stein (Sommer 2007)

Dan Richter: Warst du jetzt mal wieder bei der Reformbühne oder den Surfpoeten?

Michael Stein: Nein. Eine Zeit lang dachte ich, mir fehlt das mit den Auftritten. Ich bin ja dann auch noch relativ häufig aufgetreten bis vor zwei Monaten. Nein, das ist erst mal ganz weg.

Ist es zu anstrengend?

Nein, das ist jetzt einfach alles aus dem Mittelpunkt gerückt. Auch das Erzählen. Ich hab das ja auch damals thematisiert auf der Bühne mit meiner Diagnose und hab auch noch zwei Filmchen gemacht, auch auf der Straße, zum Thema Gesundheit und so weiter. Ich hab dann aber auch, was ich schon früher teilweise problematisch fand, alles, was ich tue, immer beobachtet unter: »Wie kann ich's verwursten?« Ein ständiges Objektivieren. Also, es macht mir zwar Spaß, aber nicht unter dem Druck.

Ich habe immer erzählt, was mir passiert. Auch gezielt passiert. Das ganze Affentheater mit den Kontrolleuren.

Das macht zwar Spaß, aber eigentlich ist es kindisch. Nach zehn Mal weißt du, wie der Hase läuft.

Es gibt einige Sachen, bei denen ich mich gefragt habe, wozu ich die eigentlich mache. Eigentlich nur durch die Erkrankung. Einfach, weil ich grundsätzlicher noch mal nachdenke. Zum Beispiel, was gewesen wäre, wenn ich mich gleich hätte operieren lassen und alles wäre total glatt gelaufen, was zwar unwahrscheinlich ist, aber nehmen wir's mal an. Ich hätte mit Sicherheit wieder angefangen zu rauchen und schön weiter gesoffen, weil es eben auch Spaß macht.

Ich will jetzt nicht die Diagnose nutzen, um mich selbst zu erziehen, aber es hat natürlich diesen Charakter: dass ich einfach anders noch mal über alles mögliche nachdenke, also auch über das Auftreten. Und über den Anspruch, den ich eigentlich hatte, nämlich wahrhaftig zu sein. Was ja so nie ganz stimmt auf der Bühne, weil du dann doch immer auf 'ne Pointe aus bist. Wenn ich das gemerkt habe, dann habe ich das destruktiv gewendet und ganz gezielt auf alles verzichtet. Also nicht erst nach der Diagnose, sondern schon vorher. Schreiben ohne Pointe eben.

Aber – wozu jetzt? Wozu stellste dich auf die Bühne, um das zu machen? Oder über den Tod zu erzählen, was ich häufig gemacht habe, als ich in diesem Hospizverein war. In dieser Weise die gute Laune verderben – warum eigentlich? Mein Ziel war ja nie, schlechte Laune zu schaffen, auch wenn das hin und wieder passiert ist. Ich habe mich schon besser gefühlt, wenn ich das thematisch trotzdem so aufbereiten konnte, dass es goutiert werden konnte. Und da gehört dann eine Pointe schon dazu.

Ich kenn das ja auch, wenn man sich so in Rage redet. Es ist dann eben alles komisch. Es hat mir durchaus große Freude bereitet, aber dann hatte ich eben oft auch einen Widerwillen dagegen. Ich hab das erlebt, als wir mit Wiglaf und Max Goldt unterwegs waren, und die Leute, als Max Goldt auf die Bühne kam, nur deshalb schon gelacht haben. Er hat sich hingesetzt, hat »Guten Abend!« gesagt, und die Leute haben gelacht. Da kann jetzt Max Goldt nichts dafür.

Dann will man nur noch mit dem Hammer rein, oder?

Jedenfalls in dem letzten halben Jahr … Ich hab mich nicht wirklich entfernt, ich denke auch immer wieder nach, was ich jetzt doch noch für die Bühne machen könnte, aber vielleicht ohne selber bei der Vorstellung zu sein. Zum Beispiel mit dem Film. Robert Weber hat ja auch früher öfters Filme gemacht. Aber es ist eben sehr aufwendig.

In erster Linie bin ich jetzt dabei herauszukriegen, was wahr ist. Das klingt sehr albern, aber es ist wirklich so. Was wahr ist mit meiner Diagnose und wie ich damit umgehe, aber auch was wahr ist im Leben. Also wie ich das alles sehe: meinen Konflikt mit dem Arbeitsamt, meinen Konflikt mit den Kontrolleuren, und was daran für mich einfach nur völlig eingefahren ist.

Eingefahren?

Zum Beispiel klare Feindbilder, die ich natürlich auch immer wieder hinterfrage. Oder auch bei den Kontrolleuren in der Situation selber, wo das gar keine Feindschaft ist, wo die zum Teil sogar selber lustig drauf reagiert haben. Aber eben all das, was ich tue, und was ich öffentlich auf der Bühne tue, und wie ich mit meinen Frauen umgegangen bin. So wie man eben denkt, wenn man kurz vorm Tod steht. Es ist ja wirklich so. Es ist auf jeden Fall nicht auszuschließen. Und da steht eben das Auftreten nicht vorne, sondern … – »Sondern?« Na ja, mal kieken.

Es ist ähnlich wie damals mit dem Schreiben, dass es mich nicht mehr interessiert. Und irgendwann war es so, dass es gar nicht darum geht, dass es mich nicht mehr interessiert, sondern dass es einfach weg ist. Ich könnte es wahrscheinlich auch gar nicht mehr. Ich müsste mich erst wieder richtig hinsetzen, um schreiben zu lernen. Und das kann mit dem Auftreten auch passieren. Ich hab das nun jahrelang gemacht, teilweise war es sehr gut, teilweise ist es völlig entglitten. Es kann auch sein, dass es völlig an Bedeutung verliert, dass ich irgendwann gar nicht mehr den Ehrgeiz habe, frei zu reden vor vielen Leuten. Ich hab früher immer die bewundert, die das konnten, so Leute wie Kapielski, als ich noch geschrieben habe, also nur geschrieben habe. Oder Höge eben mit seinen Bildervorträgen und so.

Jedenfalls war das für mich unerreichbar, weil man immer davon geprägt war, dass die Sache einen Anfang, eine Mitte und einen Schluss hat und der Schluss eben immer sehr wichtig ist. Und beim Schreiben geht das ja, da hat man Zeit. Ich hätte mich das nie getraut. Es ist nicht so, dass ich mir das bewusst vorgenommen hab: »So, ich will das jetzt auch können!« Es kam dann so, weil ich nicht mehr geschrieben habe, und dann fiel mir auch ein, dass das ja das ist, was Kapielski macht oder was Höge macht.

War das von Anfang an bei der Reformbühne so?

Dass ich frei geredet habe? Nein, die Gedanken waren schon noch geschrieben, aber handschriftlich. Und dann wurden es immer mehr nur noch Notizen. Das hat sich immer mehr verschoben. Irgendwann hatte ich dann nur noch Worte notiert, damit ich überhaupt weiß, was ich erzählen will.

Und die Suche nach der Wahrheit – eher meditativ?

Ja, eigentlich schon. Man kann nicht wirklich erzählen, was eine Situation ausmacht. Also, ich kann's jedenfalls nicht. Das Komplexe, ich dachte, das könnte man am

Besten im Film darstellen, wenn man eine Stimme erzählen lässt, und gleichzeitig den Dialog. Oder wie Arno Schmidt das gemacht hat, mit den verschiedensten Ebenen: eine Klammer setzen und Klammer in Klammer. Das, was die Leute sagen, und das was sie dazu denken. Und das, was der Autor dazu denkt noch mal in Klammern. Also so eine komplexe Art. Aber so schreibe ich ja nicht. Ich hab mich immer eher journalistisch orientiert. Wo mir das eben auffiel, dass man eine Situation nicht wirklich darstellen kann. Dass das eigentlich nur geht, wenn du einen ganz bestimmten Blick, also so 'ne Art Tunnelblick hast und rein gehst in die Situation und dann alles andere ausschaltest, also nur die Reaktion auf dich wahrnimmst. Am besten so wie Hunter Somsn das gemacht hat. Selber die Geschichten erleben, die man schreibt.

Wer?

Hunter S. Thompson. »Angst und Schrecken in Las Vegas« ist von dem. Dass du selber die Situation schaffst, über die du dann schreibst.

Nach 'ner Tour saßen Wiglaf und ich in 'ner Pension, bei viel Alkohol. Und dann musste eben auch Wiglaf das eingestehen, dass es willkürlich ist, über wen man jetzt herzieht und wie schlecht man einen macht. Dass das eigentlich keinen wirklichen Wert hat. Auch wenn man auf der Bühne dabei ganz wichtig guckt, so kritisch. Also Wiglaf macht das ja auch ganz gern. Jetzt hat er einen am Wickel, und da muss man was dazu sagen. Belanglos. Also, hm. Jein.

Er hat im Laufe der Jahre versucht, das zu relativieren, indem er wenigstens zwei Angriffen auch immer eine Liebeserklärung hinterhersetzt, an Hacks oder Johnny Cash ... Du machst das alles nicht schreibend, sondern denkend.

Ich könnte es nicht mal notieren. Hin und wieder erzähl ich mal was darüber. Wenn ich mit Maja spreche. Oder mit Robert Weber. Aber es ist eben nichts für die Bühne. Es würde nicht funktionieren. Man könnte es schon für die Bühne machen, wenn man richtig dran arbeitet und dann sagt: Gut, bei aller Relativierung, es ist jetzt auch wieder nur ein Ausschnitt von der Wirklichkeit, aber eben ein sehr kompakter Ausschnitt. So könnte man's schon machen. Aber das ist nichts, was man schaffen kann, wenn man … – in einem Wochentakt zum Beispiel würde es gar nicht gehen. Als wir das Benno-Ohnesorg-Theater gemacht haben, das war ja im Monatstakt, also selbst das war schon schwierig. Obwohl ich diesen Anspruch gar nicht verwirklichen konnte und auch nicht wollte, es aber immer wieder versucht hab, trotzdem. Es waren auch viel längere Texte als jetzt bei den Lesebühnen, keine fünf Minuten oder so. Ich hab also jedenfalls damals schon teilweise ziemliche Latten geschrieben, 'ne Viertelstunde.

Ich finde es sowieso erstaunlich, dass die Leute überhaupt durchhalten, anderthalb Stunden oder länger, einen Text nach dem anderen. Ich könnte mich an nichts mehr erinnern danach.

Ich glaube, es bleibt relativ viel hängen. Gerade bei dir. Ein Gedanke oder eine Formulierung. Oder auch so eine Art Spirit, die Dinge mal in einer bestimmten Perspektive zu sehen.

Ich glaube, dass das nachgelassen hat. Vielleicht liegt es auch daran, dass ich nicht mehr die Kraft gehabt habe auf der Bühne oder auch konzeptleer war. Oder dass insgesamt der Anspruch zurückgetreten ist, mit dem Publikum mehr zusammen zu machen. Es gab ja zu Anfang noch den Fotzenblock, als wir im Schokoladen waren zum Beispiel, wo man ein paar Mal vor irgendwelchen Demos war, wo dann an die hundert Leute gekommen sind. Was jetzt immer noch so ein bisschen ist bei dieser 2.-Mai-Demo, die ja daran anknüpft. Oder diese Verbindung, wo wir eben Publikumsspiele gemacht haben. Der Problemlaster zum Beispiel, wo die dann Zettel abgeben konnten mit ihren Problemen und wir haben die dann spontan auf der Bühne gelöst. Diese Sachen sind ein bisschen weg.

Eine Zeitlang sind die Leute immer wieder gekommen. Die waren dann auch bei einer Demo mit oder sonstwie. Da musstest du nicht jedes Mal neu etwas erläutern, wenn du eine zusammenhängende Geschichte über mehrere Folgen gemacht hast. Das ist jetzt weg.

Vielleicht hat es auch mit der Größe zu tun: dass man sich als Zuschauer nicht mehr als Teil dieser kleinen Sekte versteht, sondern die Distanz zu denen auf der Bühne wächst.

Das kann schon sein. Im Mudd Club hat es sich ja noch eine Zeitlang hingezogen. Es kann schon sein, dass auf Dauer die Größe … Das müsste man mal analysieren.

Nachrufe, Erinnerungen, Episoden
über

Michael Stein

Stein – was

Der Verweigerer jeder Konvention

Jakob Hein

»Stein – was« stand immer auf dem Ablaufplan der *Reformbühne*, als letzter Beitrag vor der Pause. »Stein – was«, das reflektierte, dass wir im Grunde genommen niemals wussten, was Michael machen würde – einen Text, ein Lied, eine Hassrede oder ein organisiertes Schweigen. Aber etwas würde er machen.

Jeder schien Stein zu kennen. Jeder schien eine oder zwei »Michael Stein und ich«-Geschichten zu haben, wie um sich zu vergewissern. Stets blieb das Gefühl, ihn überhaupt nicht zu kennen. War das, was er sagte, nur ein Spiel mit der Realität, oder war sein Spiel mit der Realität seine wahre Meinung?

Er war der konsequenteste Mensch, den ich kannte. Sein Weg war die Verweigerung jeglicher Konvention. Wenn er eine tolerante Freundin hatte, suchte er Sex mit Männern. Wenn er irgendwo unter allen Umständen willkommen war, unternahm er alles, dort ein Lokalverbot gegen sich zu erwirken, wobei wiederum ein solches Verbot die sicherste Garantie dafür war, ihn regelmäßig in eben diesem Lokal anzutreffen. Als es bei der *taz* gut für ihn lief, provozierte er seinen Rausschmiss. Als es beim *Ohnesorg-Theater* gut für ihn lief, provozierte er seinen Rausschmiss. Als es bei den Vorlesebühnen gut für ihn lief, hörte er auf, Texte zu schreiben. Als es mit dem freien Vortrag gut lief, versuchte er, rassistische und sexistische Versatzstücke vorzutragen. Als diese ihm nicht geglaubt wurden, versuchte er, das Schweigen auf die Bühne zu bringen. An den Lesebühnen ist er gewissermaßen gescheitert. Denn trotz wütender Meinungsäußerungen des Publikums, trotzdem wir manchmal überhaupt nicht mit seinem Beitrag einverstanden waren, stand es doch niemals ernsthaft zur Debatte, Michael hinauszuwerfen. Zum einen war das fast unmöglich, denn was sollten die Kriterien für einen solchen Rauswurf sein? Zum anderen wussten wir immer, dass Michael trotz seines Widerwillens immer einer unserer Besten war. Einmal hatte ich ein Lied vorbereitet und Michael bot an, mich auf der Gitarre zu begleiten. Ohne zu üben nahm er die Gitarre und begleitete mich wie ein alter Profi. An einem mäßigen Tag konnte Stein immer noch den besten Text des Abends machen. Wenn einer seiner Auftritte schlimm ankam, steckte dahinter viel mehr Mühe als hinter einem bejubelten Beitrag.

Es war sein Spiel, er betrieb es ohne Kompromisse, die er so hasste. Er wollte seinen Weg gehen und wollte dafür keine Anerkennung, aber er wollte auch nicht dabei gestört werden. Lieber ging er ins Gefängnis, als gegenüber den Ämtern seine bescheidenen Einkommensverhältnisse offen zu legen. Niemals hätte ich geglaubt, dass er bereit war, diese Konsequenz mit seinem Leben zu bezahlen.

Als das Amt von ihm einen Arztbescheid forderte, bat er um ein vorsorgliches Lungenröntgen. Er hatte sich mit den verschiedensten Menschen die verschiedensten Zigaretten geteilt und wollte ausschließen, an Tuberkulose erkrankt zu sein, jetzt, wo er mit einer Frau und seiner neugeborenen, zweiten Tochter zusammen lebte. Es war wie in dem alten Witz: Der Arzt hatte eine gute und eine schlechte Nachricht für ihn. Die gute war, dass er kein Tbc hatte. Die schlechte, dass es wie Lungenkrebs aussah. Aber, so sagten sie ihm mit frohlockenden Stimmen, »Sie haben unglaubliches Glück! Ihr Krebs ist absolut operabel, seien sie froh, dass er zufällig entdeckt worden ist, in einem Jahr könnten sie schon daran gestorben sein!«

War es die absolute Sicherheit, die Einhelligkeit von jedermanns Meinung, der soziale Druck, der so entstanden war? War es die scheinbare Gnade der scheinbaren Staatsärzte – »Wir können Ihnen Leben schenken«? Oder war es anfangs nur die Angst vor einer Operation an der Lunge – es wäre ja nicht die erste gewesen? Oder war zuerst die Angst, und die entwickelte sich dann zu einer Haltung? Es wäre sinnlos gewesen, ihn das zu fragen. Irgendetwas hätte er mir bestimmt geantwortet, aber nichts, das mir weitergeholfen hätte.

Was hätten wir tun, was hätte ich sagen können, damit seine Entscheidung anders gefallen wäre? War es besser, ihm drastisch klar zu machen, welches Wagnis er da eingeht oder hätte ich ihn warnen sollen vor der Operation? War es vernünftig, an seine Vernunft und Verantwortung, wenn schon nicht gegen sich so doch gegenüber seiner Frau und seinen Kindern zu appellieren, oder hätte ich eine Zeitungsmeldung lancieren können, dass allen Lungenoperierten die deutsche Staatsbürgerschaft aberkannt wird? Wäre es vielleicht am besten gewesen, Michael die Operation offiziell zu verbieten, mit einem staatlichen Beschluss, damit er alles dafür hätte unternehmen können, sie zu bekommen? An dem Versuch, Michael voraus zu sein, waren schon ganz andere gescheitert, Dutzende Mitarbeiter verschiedener Ämter, Behörden und Staatsgewalten könnten davon Zeugnis ablegen. Ich, der Psychiater, sein Psychiater, wie er mich gern nannte, in völliger Unklarheit über seine geistige Verfassung, rätselnd über seine Motive und Beweggründe. Wenigstens bin ich mir ziemlich sicher, dass ihn das einigermaßen erfreut hätte.

Wie muss Michael zeitlebens mit sich gekämpft haben. Am Ende seines Lebens wurde das deutlich, als er sich einerseits mit modernsten Apparaten immer wieder das

Fortschreiten seiner Krankheit anzeigen ließ, andererseits die Konsequenz dieser modernen Diagnostik verweigerte. Als er sich immer wieder neue, noch merkwürdigere Heilmethoden suchte, ohne jemals an eine dieser Methoden glauben zu können. Als er eine Vorsorgeuntersuchung machte, um den Tod in Kauf zu nehmen. Als er sich der Schulmedizin verweigerte, um das Ende seines Lebens im schlimmsten Alptraum zu verbringen, den die Schulmedizin bereithält.

Es kann sein, dass Stein lange geglaubt hat, den Tod austricksen zu können. Er hat immer alle ausgetrickst: die Polizei, die BVG, das Arbeitsamt, die Frauen und die Männer. Immer hat er es geschafft. Wie sollte er darauf kommen, dass sich dieser Gegner so unflexibel, so vollkommen ohne Humor, so gänzlich unerschütterlich zeigen würde?

»Stein – was« wird nie mehr auf unserem Zettel stehen. Obwohl es immer unwahrscheinlich gewesen war, dass er länger als ich leben würde, war ich unausgesprochen davon überzeugt, dass er bei meiner Beerdigung sprechen und die ganze Veranstaltung mit antisemitischen Sottisen auflockern würde. Schließlich hatte er vor acht Jahren für meine Hochzeitszeitung einen seiner letzten Texte geschrieben. Er schrieb darüber, wie wir uns einst kennen gelernt hätten in einem Gebüsch im Tiergarten. »Keck reckte sich mir dein Hintern entgegen« oder so ähnlich. Die Verlockung, die Reaktion der versammelten Großmütter zu sehen, war offensichtlich zu groß. Auf seinen Lippen spielte dabei dieses Lächeln. Spöttisch, herausfordernd, unsicher. In dieser Mischung konnte man einen Hauch von echter Freude entdecken.

Durch die Zone

Eine Reiseerzählung

Wiglaf Droste

Meine jüngste Reise in die östlichen Provinzen des großdeutschen Reiches trat ich nicht ohne sorgfältigste Vorbereitungen an, denn die dritte Inspektion der Zone innerhalb von nur sechs Monaten war eine Lese- und somit quasi eine Dienstreise: Eine Woche lang würde ich als Schlachtenbummler unterwegs sein zwischen Plauen/Vogtland, Jena, Chemnitz (früher: Karl-Marx-Stadt, noch früher: Chemnitz), Halle/Saale, Rostock und Brandenburg. Zudem sollte die Angelegenheit in der dunkelsten Jahreszeit stattfinden, Mitte Dezember 1992, und die Schreckensmeldungen aus dem Osten rissen nicht ab: Die Nazis, ein besonders primitiver und zahlreicher deutscher Stamm, hätten das Kriegsbeil ausgegraben; Ziel dieser Burschen, die für ihre Grausamkeit beinahe so berüchtigt sind wie für die ihnen innewohnende Feigheit, sind stets Wehrlose. So beschloß ich, diese Unternehmung nicht ohne Begleitung durchzuführen, und bat meinen treuen Freund und Kollegen Michael Stein, mit mir zu kommen, und dieser ebenso verläßliche wie tapfere Mann sagte auch ohne Zögern zu.

Am Morgen der Abreise trafen wir uns auf dem Berliner Hauptbahnhof, und Freund Stein lieferte gleich einen untrüglichen Beweis seiner Unverzichtbarkeit: Kaum saßen wir im Abteil, kramte er in einer seiner geräumigen Reisetaschen und förderte einen etwa halbmeterlangen schwarzen, sehr stabilen Knüttel zu Tage, den er mir zum Geschenk machte, sich selbst hatte er mit einer Gaspistole ausgerüstet.

In Leipzig, wo wir Richtung Vogtland umzusteigen hatten, nutzten wir den anderthalbstündigen Aufenthalt zum neugierigen, ziellosen Herumstreunen und stellten bald fest, daß auch diese Stadt, wie überhaupt alle Ortschaften in der Zone, mit einem dichten Netz von Imbißbuden überzogen ist; es stellt sich sogar die Frage, ob die sog. *Revolution,* die dort gut drei Jahre zuvor stattfand, nicht vor allem vom festen Willen des Zonenbewohners motiviert war, immer mehr und immer übelriechendere Imbißbuden auf sich und seine Umgebung zu häufen.

Rein zufällig gelangten wir auch zum Büro der Leipziger PDS, das wir mit einem neckischen Bild geschmückt fanden: ein lächelndes Gesicht, in dem Sichel und Hammer Mund und Zunge darstellten, und wir begriffen, was die oft geraunte Formel *Opportunismus mit menschlichem Antlitz* bedeutet.

Die restliche Fahrtzeit vertrieben wir uns mit Lektüre; Michael blätterte, zur Einstimmung gewissermaßen, in der *Jungen Freiheit,* ich las in irgendeinem Tagblatt ein Interview mit Pavel Kohout: »Ich regne, schneie, vereise«, behauptete der Mann u.a. von sich. Vereisen? Nicht doch eher verreisen? Wie macht er das nur? Das geht ja auf keine Kohout! – so etwa schmurgelte es in meinem Kopfe herum, und bevor noch Wüsteres geschah, trafen wir endlich in Plauen, Oberer Bahnhof, ein.

Steini und ich taten unsere Arbeit, verkündeten Klatsch, Komödie und Klassenkampf, wurden freundlich bewirtet und zum Schlafen 17 km außerhalb der Stadt verklappt.

Anderntags kutschierten uns unsere Gastgeber in ihrem *Wartburg* zum Plauener Bahnhof zurück; auf der Straße kam uns ein nagelneuer *Opel Vectra* mit Plauener Kennzeichen entgegen. Der Fahrer wich weder aus, noch senkte er seine Geschwindigkeit, und obwohl unsere hervorragende Chauffeurin ihren Wagen geistesgegenwärtig zwischen zwei Bäume lenkte, fuhr ihr der Fahrer des *Vectra* – splitter! knirsch! – den linken Außenspiegel ab.

Natürlich hielt der Lump nicht einmal an, sondern setzte mit unvermindert überhöhter Geschwindigkeit seine Fahrt und sein sinnloses Leben fort. Ich aber hatte mir das Kennzeichen gemerkt und wußte, was ich noch am selben Tag mit ihm tun würde: ihn aufsuchen, am Kragen packen, auf seine gestammelten Entschuldigungen nur die Hand hinters Ohr legen, »Wie bitte? Was sagst du? Ich kann dich nicht hören!«, entgegnen und ihn anschließend zwingen, eigenhändig mit einem spitzen, scharfen Gegenstand *Peter's neues Westauto* in den Lack zu kratzen, immer wieder, in Motorhaube, Türen, das Dach, ja in den Spoiler noch: *Peter's neues Westauto,* mit falschem Apostroph, das wäre Gerechtigkeit, aaah ...

Der Fahrer des Plauener *Opel Vectra* war gedemütigt: Er hatte den Lack seines Wagens ruinieren müssen, und das ist für diese Sorte Mensch schlimmer, als sich selbst Hand, Fuß oder Kopf amputieren zu müssen. Zusammengesunken und zerknirscht saß der Schurke auf einem Stuhl, sorgfältig versahen mein Begleiter Stein und ich seine Ohr- und Nasenlöcher mit Möhrchen und eingelegten Cornichons, zogen ihm die Hosen herunter, und als wir ihn fröhlich winkend verließen, da zierte ein kleines Silberzwiebelchen seinen After.

Bis zur Abfahrt des Zuges nach Jena verblieben uns noch einige Stunden, und so ließen wir uns von unseren Gastgebern in einige Geheimnisse Plauens einweihen. Bereits anderthalb Jahre zuvor war hier die erste *McDonald's-Filiale* in der Zone eröffnet worden. Die Bevölkerung hatte die Erzeugnisse der kulinarischen Abfall-Firma äußerst wohlwollend, wenn nicht sogar entzückt aufgenommen, so daß es in den ersten Wochen nach der Eröffnung zu unschönen, ja peinlichen Szenen gekommen war: Um dem vieltausendfachen Wunsch nach hamsterartigen Massenankäufen das Wasser abzugraben, beschloß die Geschäftsleitung eine strenge Rationierung und Kontingentierung. Pro Person durften nicht mehr als zehn Produkte abgegeben werden. Das aber erinnerte die aufgebrachten Bürger fatal an die dunkelsten bzw. dunkel an die fatalsten Kapitel ihrer Geschichte, nämlich an das Gefühl der Impotenz, sich auch mit vollem Portemonnaie nichts kaufen zu können; Zorn, ja Wut *und* Trauer bewegte die Bürger Plauens, und fast wäre es zu einer erneuten, diesmal unfriedlichen *Revolution* gekommen.

Diese Ereignisse aber lagen lange zurück und Plauen war jetzt befriedet; obwohl, dies war überall zu vernehmen, die Erbitterung über die *Bundis,* die Westler also, anschwoll. (Wessi ist, nebenbei bemerkt, ein Wessi-Wort, und *Bundi* ja auch viel schöner: Als Bundi durch Burundi, so fremd etwa kommt man sich vor, wenn man die Zone bereist, Lichtjahre von zuhause und der Zivilisation entfernt bzw. alles, was man hier an Bekanntem antrifft, ist das, was man im Westen aus vollem Herzen haßt.) Die Bundis jedenfalls, so war zu vernehmen, seien eine Plage und eine Pest; der ganze menschliche Westschrott und -müll, der Ausschuß, den drüben keiner mehr haben wollte, werde rückhaltlos in den Osten abgekippt: Polizeipräsidenten, Professoren, Politiker, Journalisten usw., ein Faktum, das im Laufe unserer Zonenreise immer wieder bestätigt werden sollte.

Nun endlich ruckelte, zuckelte, schlingerte und schlumbumberte der Zug nach Jena los, in einem diesem Landstrich und seinen Bewohnern sehr entsprechenden, zähen und tranigen Tempo. In Greiz stieg Michael Rudolf zu uns ins Abteil, ein rühriger Mann, der gemeinsam mit einem Kompagnon den *Verlag Weisser Stein* betreibt und trotz seiner relativen Jugend bereits auf eine bewegte DDR-Vergangenheit zurückblicken kann: chronischer Renitenzler, abgebrochener Jurist, »High-Tech-Killer«, wie er es nennt, bei der *Nationalen Volksarmee,* Brauingenieur (im Fachjargon *Gärungstechnologe*) und seit 1991 Autor von komischen Heimatgeschichten, deren Veröffentlichung ihm viel Scherereien eingebracht hat.

Das verwundert nicht weiter, ist doch Greiz eine Art Zentrale des Bürgerrechtlertums. Einen Bürgerrechtler (Ost) erkennt man an zweierlei: an einem mindestens knöchellangen Fusselbart, der bei festlichen Anlässen als eine Art Dutt auf dem oft schütteren Kopfe hochgesteckt werden kann, und an der protestantischen Abwesenheit von Humor, Charme und Leichtigkeit; bräsige, fundamentalistische Gesellen sind's, und daß ausgerechnet diese Versammlung von Hardcore-Presbytern Anteil am Sturz der DDR hatte, spricht nicht eben für die DDR.

In der *Thüringen-Post* las ich ein Gedicht des Greizer Lyrikers Günter Ullmann, der sich nach dem Motto *Paranoia – was ist das eigentlich?* sämtliche Zähne ziehen ließ, weil er überzeugt war, seine Gebißplomben seien von der *Schdohsi! Schdohsi!* verwanzt worden; seiner Lyrik zumindest hat auch das nicht geholfen: *»Greiz 1992 / krawattenteutsche / honigärsche / bethronen die / unregierbar / arbeitslosen / müllhalden / eines großstadtüberbrückten / vergilbten / Perlenlichts.«*

Jena war die nächste Station auf unserer Reise durch ein zerschmettertes Land. Auch hier wateten wir durch Agonie und Trübnis. Die übel und ungesund riechende Stadt fanden wir vollgestopft mit im Stau stehenden Automobilen, in denen jeweils eine einzelne, vergnatzt dreinblickende, ja unfroh stierende Person hockte, wie zum tausendfachen Beweise, daß man auch als Autist prima durchs Leben kommt; wie im Restvaterland konnte man sich auch in Jena des Eindrucks nicht erwehren, die Population hätte sich komplett damit abgefunden, ihr Leben Tag für Tag in kleine Schachteln gestopft zu verbringen, Wohnschachtel, Fahrschachtel, Arbeitsschachtel, Abtrinkschachtel usw., ertrüge das mit einem Maximum an schlechter Laune und Unerleuchtetheit, und als rege sich Protest allenfalls dann, wenn ihr eine der Schachteln plötzlich entzogen würde. Schön ist der wechselseitige Respekt unter Mitmenschen – aber ist der gratis zu haben, eine Selbstverständlichkeit quasi? Kann man ihn empfinden gegenüber Leuten, die so ganz und gar ohne Stolz auskommen? Die sich, so scheint's, alles gefallen lassen, eine dreiste und feiste Annexion, das In-Klumpschlagen-Lassen ihrer Existenz ebenso wie die anschließende Behauptung der westdeutschen Besatzer, der von ihnen soeben hergestellte Zustand des Landes sei das Erbe des Sozialismus inklusive der Top-These, deutsche Neonazis seien ausschließlich ein DDR-Produkt? Kann man Gleicher sein unter Gleichen unter Menschen, die mit Ichstärke Null durchs Leben dümpeln und immer nur sagen: »Das haben wir so nicht gewollt«?

Entsprechend groß war der Wunsch, von Jena aus wenigstens per Telefon mit jemand immerhin Menschenähnlichem zu sprechen. Dies gestaltete sich als schwierig; in der Post hingen die Ortsnetzkennzahlen von 1988 an der Wand, und gleich daneben die Ankündigung für ein *»DADAistisches Krippenspiel – Urstaufführung – einmaliger Auftritt der Gruppe -ismus«*. Wollte ich das alles wissen und sehen? – Lieber schlenderte ich durch die Stadt, erwarb einen großen Vorrat an Postkarten – die DDR-Modelle sind unschlagbar in Design und Preis – und registrierte, daß sich die männliche Jugend der Stadt nahezu komplett auf englischen *Doc Martens*-Halbschuhen fortbewegte und dabei unisono das Modell zwischen Brot, Boot und Gurke bevorzugte, vorne hochgebogen und mit den bei Keilereien für Schienbein und Gemächt des Gegners so überaus unangenehmen Stahlkappen.

Den späteren Abend verbrachten Kollege Stein und ich gemeinsam mit den *Titanic*-Zeichnern Achim Greser und Heribert Lenz und einem Trupp weiterer, hauptsächlich westlicher Kulturschaffender in der Kantine des Jenaer Theaters, wo man, mit einem Hauch von Illegalität und Konspiration, bis morgens um fünf freundlichst bewirtet wurde; mit Gesang, freier Rede und einem verzeihlichen Verstoß gegen das Betäubungsmittelgesetz (grüner Marokkaner) bescherten wir uns eine erfreuliche Nacht, Exilanten auf Zeit bzw. auf Probe sozusagen; schön trinken aber mochten wir uns die Zone im allgemeinen und Jena im speziellen nicht, das hätte uns, materiell wie ideell, zuviel gekostet.

Anderntags stahlen wir uns aus der Stadt wie Diebe in der Nacht; da unser Hotelzimmer an Schmuddeligkeit nichts zu wünschen übrig gelassen hatte, verließen wir den Gasthof, ohne zu zahlen und machten uns auf den Weg nach Chemnitz.

Zweieinhalb Stunden braucht der sog. *Interregio* für eine Strecke von ca. 80 Kilometern; wer es eilig hat, geht besser zu Fuß. Der Zugreisende aber, der wg. des hohen Komforts ja zuschlagspflichtig gemacht wird, darf feststellen, daß er im *IR* weder einen Saft kaufen (»Mitropa nur bis Erfurt!«) noch, wie versprochen, telefonieren kann: Das gute alte DDR-»Hammwanich!«, hier war es wieder. Und war das nicht überhaupt der Osten, diese unkomfortable Zähigkeit? Oder handelte es sich vielmehr um den Masterplan West, die Bewohner der Zone durch Beibehaltung solcher Traditionen dafür abzustrafen, daß sie 40 Jahre lang Sozialismus gespielt hatten, statt 40 Jahre Demokratie zu simulieren, wie sich das gehört?

Chemnitz, so erfuhren wir in Chemnitz, heißt in Chemnitz für die meisten immer noch Karl Marx-Stadt; weniger wg. Marx – der interessiert außer Bürgerrechtlern, dieser Kreuzung aus Christus und Kopfjäger, niemand –, als aus einem Anti-West-Trotz heraus. Nur wenige Minuten vom Bahnhof entfernt fanden Stein und ich unseren Auftrittsort, das *Lesecafé ex libris,* das sich im 1. Stock des *1. Chemnitzer Kabaretts,* vormals *Lachkartenstanzer,* befindet. *Lachkartenstanzer!* Ja, das ist Satire! Satire wie bei Muttern: *stachelig,* hehe, *bissig,* hoho, und *scharf,* hähä! Wie die *Reizzwecken* oder die *Distel.* Oha, ist dieses kabarettistisch verseucht! Könnte man doch alle Kabarettisten zwingen, unter dem Namen *Die Frustaushuster* aufzutreten; aus Königs Wusterhausen zu stammen, müßten sie auch noch behaupten, und ihr Programm trüge den immer gleichen Titel *Grün ist die erste Reihe.*

Nach getanem Lesewerk wurden Steini und ich in eine Kaschemme verbracht, die stark an westdeutsche Softdrogenumschlagplätze Mitte der 70er Jahre erinnerte. *Ne dufte Pinte* nannte man damals solche Brutstätten des schlechten Geschmacks, und eine nähere Betrachtung der Jugendkultur in den »Fünf Neuen Meckerecken« (G. Henschel) legt den Schluß nahe, daß die Ostjugend – leider, leider – zwanghaft all das ehemals modische Geöle der früheren Westjugend nahezu identisch nachzuholen hat; jener Keller, in dem Mähnen, ja *Matten* zu scheußlichstem Bluesrock geschwungen und geschüttelt und Joints auf affigst-inszenierteste, kultische Weise verkasematuckelt wurden, legte beredtes Zeugnis ab von der bedauerlichen Unmodernheit der lokalen Jugend.

Zum Schlafen taten uns unsere Gastgeber in ein ca. sechs Kilometer außerhalb gelegenes Neubaugebiet im Stil jener *Plattenbauweise,* von der daabe (vom Vogtländischen ins Deutsche übersetzt: dämliche) Bundis stets so händeringend empört zu berichten wissen; viel empörender als ein paar Betonplatten aber ist es doch, wenn zwei vor Müdig- und Schwummrigkeit wehr- bis hilflose Personen aus Gründen schierer Kostenersparnis (merke: alternativ = geizig) in ein Zimmer der Bibliothek im Verbraucherzentrum Chemnitz, kurz VZ, zur Nachtruhe zwischengelagert und schon am Eingang darauf hingewiesen werden, was alles verboten ist: *»Das Betreten der Rampe ist untersagt!«,* hieß es da, *»Parken nur für Bibliothek«* und *»Rauchen verboten«.*

Für diese grobe Unhöflichkeit entschädigten wir uns, indem wir uns an den ohnehin äußerst lieblos aufgestapelten Büchern schadlos hielten. Kollege Stein griff sich *No Pasaran! Romanzen aus dem Spanienkrieg*, und um die arg gesunkene Stimmung wieder aufzupäppeln, trug er den Krempel in lupenreinem Sächsisch vor: *»Aufgeschreckt durch solches Stieben / stehen die Olivenbäume. / Wohin jagt ihr, schwarze Klepper? / Wer bestieg euch, schwarze Klepper? / Schmerz, so nennt sich unser Reiter,*

/ Dolche, das sind seine Sporen. / Wir sind ausgesandt vom Tiefland, / Andalusien, Land der Sonne, / Land des Jodes und des Meeres / und des Salzes und des Sandes, / um die Welt geht unsere Reise, / unsere Pein hinauszuschreien: / In Granada, seiner Heimat / früher Tage sich erinnernd, / fiel ermordet Frederico, / unser dunkel glühnder Dichter.« Wenn Kommunisten Verse schmieden, dann glühen selbst die Dichter, dunkel natürlich.

Während Stein im sauren Akzent der Sachsen weitermachte und sich in eine Art Rausch hineindeklamierte – *»Dunkler Glanz der Energien, / wie ein Stahl, wenn er gehärtet, / stark und froh im Kampfgetümmel, / offenes Lachen des Gesunden. / Fünftes Regiment! Ein Wogen / tapferer, beherzter Männer«* usw. –, blätterte ich in Kurt Tucholskys als Einschlaflektüre bestens geeigneter Erzählung *Rheinsberg*; was für ein neckischer, läppischer, hühühüheiterer Kram und Tineff, *»Glaubssu, daß es hier Bärens gibs?«,* u.ä. süßliches Zeug, genau der Tucholsky, der den Leuten so gut gefällt, die ihn kumpelig-anwanzerisch Tucho – warum eigentlich nie lsky? – nennen, wie Zwerenz, Raddatz etc., man müßte überhaupt mal, dachte ich noch, die Legende Tucholsky entstauben, sich das alles mal ganz genau und differenziert ankucken, was der alles so geschrieben ..., und während ich in tiefen Schlaf sank, um Körper, Seele und den geschundenen Geist zu erquicken, schnädderätängte im Hintergrund noch immer Kollege Stein: *»Miliciano, Miliciano, / du trägst um den Leib gegürtet, / einem gläsernen Verhau gleich / schwarze Dynamitpatronen...«*

Am nächsten Morgen verließen wir den ungastlichen Ort, nicht ohne noch ein paar Schachteln mit Dias vom *Institut für Film, Bild und Ton (IFBT)* einzustecken; es handelte sich dabei um Lichtbilder aus der menschlichen Anatomie, Hals, Schlund, Gleichgewichtsorgan, der Schädel als Ganzes, Nase und Nasennebenhöhle, all das war prächtig modelliert und auf Diafilm abgeknipst worden, sehr aufschlußreich.

Ein mittlerer Gewaltmarsch durch Schneematsch und Schlamm brachte uns zu einer Bushaltestelle; der Busfahrer, der uns von dort zum Bahnhof chauffierte, nahm uns mit, obwohl es uns an Kleingeld gebrach, ja, er ließ auf diese Weise eine Art offiziell gestattetes Schwarzfahren zu und war insgesamt so freundlich, gutgelaunt und hilfsbereit, daß er als Busfahrer nur verkleidet gewesen sein kann, ja muß, denn die Angehörigen dieser Berufsgruppe begreifen es im allgemeinen als ihren Daseinszweck, mit herausgekläffter Pampigkeit und einem guten Schuß Sadismus anderen ihre Tage zu vergällen.

In Halle/Saale, unserer nächsten Station, hatten wir einen Tag Pause, *a day off*, wie wir international gewieften Auftrittsprofis so sagen. Dies gab uns Gelegenheit, ausgiebigst nach dem rechten zu sehen und die Stadt gründlich zu inspizieren. Alle Naslang lockte ein *Super-Schnäppchen*, auf dem Weihnachtsmarkt wurde *Freude durch Gewinn* versprochen, der Mitteldeutsche Rundfunk hatte einen Ü-Wagen abgestellt, auf dem *»mdr life«* stand – nein, sie wissen es wirklich nicht besser. *Pakete für Kroatien konnten* lt. Aushang *hinter der Kirche* abgegeben werden, ein paar Meter weiter wurde von einer aufgestellten Schautafel die friedliche Koexistenz der Menschen beschworen: *FREMDENHASS BRINGT KEINEM WAS!* Tja, wenn der Fremdenhaß ein einträgliches Geschäft wäre, dann wäre das natürlich etwas anderes – oder was sonst wollte uns das Christenplakat sagen?

Männer, die es für eine gute Idee halten, in karierten Hosen herumzulaufen, kamen uns in ebenso großer Zahl entgegen wie Frauen in hautengen, kreischbunten Leggins, die die Wurstartigkeit ihrer Beine leider höchst fatal und äußerst unvorteilhaft unterstrichen. Mehrfach sah ich ein Plakat folgenden Inhalts: *»Heißes Essen zum Mitnehmen – 20% Rabatt – am besten ... aromadicht versiegelt – in den wärmeisolierenden ALX-Außer-Haus-Thermo-Menüschalen – ... nichts läuft aus!«,* das von einem bärtigen Mann mit Kochmütze verziert wurde, der den rechten Zeigefinger und Daumen zu einem »o« formte, das wohl soviel wie »sehr gut« oder »lecker« bedeuten sollte. Auf die kleinbürgerliche Weise verwahrlost und entseelt erschien die Hallenser Innenstadt, eine Fußgängerzone, wie es sie in jeder deutschen Stadt gibt, vollgepackt mit Menschen, deren Wünsche und Bedürfnisse mit einer *Außer-Haus-Thermo-Menüschale* leicht und vollständig befriedigt werden können. Vollends erschütternd aber war dann der Anblick des Herdenauftriebs vor dem örtlichen Kino: Mehr als 100 Meter lang stand Halle Schlange für ausgerechnet *Friedhof der Kuscheltiere II*, und da wußte man wieder, warum die DDR früher bei vielen nur *Der Doofe Rest* geheißen hatte.

Im *Boulevard-Café am Leipziger Turm* suchte man Erholung und Rast von dieser betrüblichen Hallenser Wirklichkeit, vergeblich; nur noch tiefer wurde man in den Strudel der alltäglichen, banalen Zumutungen gerissen. Im Radio lief Phil Collins, der Ohrenzwang für leidende Angestellte, die Pest des Äthers, und wollte und wollte nicht weichen; es gibt ja mittlerweile Radiosender, denen es gelingt, 25 Stunden am Tag Phil Collins zu spielen, und dieser hier war einer davon. Auf noch in Chemnitz gekaufter Bütte schrieb ich Briefe an liebe Menschen in der Ferne: Bütte, bütte, ich will hier raus ...

Unsere Bleibe in Halle war identisch mit unserem Auftrittsort: das seit 1990 besetzte Haus Kellnerstr. 10a, mitten in der Innenstadt gleich neben der *Kauhof*-Baracke gelegen, ein *Filetgrundstück* nennen journalistische Phrasenschmiede so etwas immer. Freundlich, ja herzlich wurden wir aufgenommen, ein Hausbewohner räumte für den Kollegen Stein und mich sogar sein Doppelbett, um einerseits auf einer allenfalls liliputanertauglichen Chaiselongue zu nächtigen. Rührseligkeit ist mir fremd; dennoch wußte ich diese im Prinzip selbstverständliche Geste der Gastfreundschaft sehr zu schätzen; in Magdeburg z.B. hatte mich ein Jahr zuvor ein sich ansonsten sehr nett gebender junger Mann im Anschluß an eine Lesung darüber aufgeklärt, daß ich auf seinem auch noch extrem verdreckten Fußboden zu schlafen hätte, was ich achselzuckend tat, denn um drei Uhr in der Frühe und wildfremd in der Stadt hat man keine Alternative. Die Hallenser Hausbesetzer glichen den beschränkten Komfort ihrer Behausung durch viel Freundlichkeit aus, auch untereinander; was bleibt einem auch übrig als Gemeinsinn, wenn der Wind durch zugige Fenster pfeift, es im Haus penetrant nach Katzenpisse stinkt und man zudem von Hausbesitzern, der Polizei und evtl. herummarodierenden Nazibanden bedroht ist? Das kollektive Leben, das hatte man schon Anfang der 80er Jahre in Berlin feststellen können, funktioniert so lange, wie äußere Feinde vorhanden sind; bleiben die Kollektivisten eine längere Zeit sich selbst und ihren internen Konflikten ausgeliefert, ist schnell zappenduster, und das Gemeinschaftswerk zerbröckelt ganz simpel an Kleinig- und Kleinlichkeiten, bevorzugt an unterschiedlichen Vorstellungen über den maximalen Schamhaarbefall im Bad.

Im Parterre gelegenen Lokal der Kellnerstr. 10a kam es jetzt zu einer Grundsatzdebatte; ein Köter war seiner namensgebenden Tätigkeit nachgegangen und hatte in den Raum hineingekotet, und das Thema »Hunde – ja oder nein?« wurde leidenschaftlich diskutiert, wobei der Anlaß des Streits seltsamerweise nicht entfernt wurde. Als ehemaligem und langjährigem Wohngemeinschaftsaktivisten waren mir derartige Verhaltensmuster nur zu vertraut, und ich trollte mich.

Im Fernsehn wurde an diesem Tag – es war der 13.12. 1992 – ein angeblich *antirassistisches Konzert* unter dem Motto *Heute die, morgen Du* aus Frankfurt/ Main übertragen; als ich das selbstgefällige, selbstgewisse, in der eigenen Gesinnung sich sielende, mieseste Musike und flacheste Texte verbreitende deutsche Kumpelrock-Establishment sich selbst abfeiern sah, hielt es mich nicht auf meinem Stuhl; impulsiv bat ich Steini, mir eine Glatze zu schneiden bzw. zu rasieren, und ohne jedes Zaudern kam er meinem dringlich geäußerten Wunsch nach; nein, auf der Haß- und Ekelskala gleich nach den Nazis kam die Bagage von kunstgewerblerischen, weizsäckerisierten Ich-bin-ein-guter-Deutscher-Deutschen, die angesichts ermordeter Ausländer öffentlich den staatsbürgerlichen Kamm schwellen ließen zum Beweise ihres Gutseins. Ha! Fort mit den langen, ohnehin viel zu jesusmäßig sich krüsselnden Locken! Um keinen Preis auch nur entfernt aussehen wie z.B. Wolfgang Niedecken, der auch noch ständig »mit Nazis reden« will – in welcher Sprache bloß? Kölsch? Pidgin-deutsch?

Erfreuliches dagegen war zu hören von der *Autonomen Anfifa Halle.* Auch sie ging singen, und zwar Weihnachtslieder im Altersheim. Ganz übel, dachte ich zunächst, die wollen alte Leutchen zu Tode erschrecken, aber diese Unterstellung griff nicht; der Hallenser Autonome kommt nämlich, im Gegensatz zu seinem Berliner Pendant, ganz und gar ohne martialisches Modedesign, ohne die Insignien von knallhart und kampferprobt aus. Beim Weihnachtsliedersingen dieser Jungmenschen, etwas, über das man sich sehr leicht belustigen kann, schien es sich im Gegensatz zum ersten etwas albernen Eindruck, den so etwas macht, um einen Rest von Erziehung und Manieren zu handeln, etwas, das man ja gerade in dieser Szenerie oft schmerzlich vermissen muß.

Mit einer Glatze herumzulaufen, das durfte ich zügig feststellen, ist eine anachronistische und keineswegs mißverständnisfreie Angelegenheit; zuweilen hatte es Züge eines Selbstversuchs. Denn konnte ich froh sein über Menschen, die mich auf der Straße anlächelten, freundlich zu mir waren? Mußte ich mich nicht eher freuen über solche, die mir mißtrauisch, feindselig, ja gewaltbereit sogar, herausfordemd ins Auge schauten? Wie konnte ich ihnen den vielbeschworenen *soziokulturellen Kontext* bzw. *Subtext* zur Frisur innerhalb nur eines Augenblicks mimisch und gestisch vermitteln? Wäre es nicht ein über die Maßen idiotischer Tod, von politisch ähnlich Gesinnten irrtümlich, aus Versehen, weggehauen zu werden, nur weil man sich aus Ekel vor peinlichen Deutschrockern den Kopf rasieren ließ? Und war es nicht andererseits furchtbar unangenehm, in Rostock von einem offenkundig rechtsradikalen Taxichauffeur eingeladen zu werden: »Na, Genosse, wo willste denn hin? Mach ich für lau«? – Den unsittlichen Antrag konnte ich ebenso abbiegen wie das diverse Male von jungen Türken nonverbal demonstrierte Angebot zu einer Schlägerei; im Moment aber befand ich mich noch immer in Halle/Saale, wo ich stellvertretend für die langschlafenden Gastgeber die Post entgegennahm und auf diese Weise, per Absender, die für mich sensationelle Neuigkeit erfuhr, daß es in der Schweiz ein *Institut für Feministische Geographie* gibt. Worüber die wohl mit den Hausbesetzern korrespondierten? Über BergInnen? Über Mulden statt Gipfel? Ich werde es wohl nie erfahren.

Ständig wurde man auf dieser Lese- und Dienstreise (Ost) darauf angesprochen, wie das denn nun sei, bei einer Zeitung wie *Neues Deutschland* als *Schlachtenbummler*-Kolumnist beschäftigt zu sein; wie es sich denn mit Leuten zusammenarbeite, die tatsächliche oder auch bloß angebliche Leichen im Keller hätten und entsprechend verbogenes Zeug zusammenschrieben; die bei *Super* Redakteur gewesen seien und sich jetzt als Moralapostel gerierten; mit ge-, wenn nicht zerbrochenen Figuren, die unter ständigem Rechtfertigungszwang und mit einem notorischen »Entschuldigen Sie bitte, daß es mich gibt« auf dem Gesicht herumliefen. Tja – was sollte ich da tun als mich auf mein verbrieftes Rederecht als Kolumnist berufen und ansonsten deutlich machen, daß *Loyal* der Name des Aldi-Hundefutters ist?

Unsere Reise neigte sich dem Ende zu. In Brandenburg wurde in den Club, in dem wir lasen, hineingeschossen, aber da die Lesung im Keller stattfand, die Schüsse aber nur die Scheiben des Cafés im Parterre trafen, winkten unsere jugendlichen Veranstalter nur ab: »Jaja, die Nazis.

Seitdem die lokale Antifa ihnen ein paarmal aufs Maul gegeben hat, schießen die nur noch aus dem fahrenden Auto raus. Kannst du vergessen.« Die Leute gefielen mir, und wild tanzten wir die Nacht durch, zu guter, moderner Musik.

Ohne geschlafen zu haben, fuhren wir morgens zurück nach Berlin. Gab es ein Resümee nach einer Woche Osten? Nur dieses: Bei den klugen Leuten war die Euphorie des erfrischenden *Anything goes* aus der Wende- und Umbruchzeit längst der Ernüchterung über die Erkenntnis der Machtstrukturen gewichen. Ansonsten verschärfte sich unter den Landsleuten nur das, was es immer gegeben hatte:

Je mehr Deutsche zusammenkommen und auf einem Haufen sich befinden, desto dümmer und gemeiner werden sie. Im Verein mit seinen Brüdern und Schwestern läuft der Deutsche der Chimäre der *nationalen Identität* hinterher, die ja allein darin besteht, daß er ihr kollektiv hinterherrennt – da beißt die Maus kein' Faden ab bzw. sich nur selbst in den Schwanz. Ein nölend und stänkernd geäußerter Minderwertigkeitskomplex, eine zähe Mixtur aus sich wechselseitig bedingender Kleingeistig- und Größenwahnsinnigkeit, eine besonders abstoßende Kombination aus Feigheit, Brutalität und Wehleidigkeit, gewürzt mit reichlich schlechtem Geschmack: das ist deutsch.

Sie müssen nicht einmal persönlichen Haß empfinden auf die, die sie umbringen; es genügt, wenn diesen autoritären, d.h. nach oben buckelnden und nach unten tretenden Charakteren gesagt wird, es müsse eben sein, und schon tun sie's.

Warum das so ist? Gottes Wille? Fügung? Schicksal? Bruchsal? Ich vermag es nicht einmal zu erahnen.

Nur eins weiß sicher, wer unter die Deutschen fiel: In Kopfhöhe wird die Luft dünn.

Auftritt in Amsterdam

Daniela Böhle

Anreise Berlin-Amsterdam. Jürgen rächt sich dafür, dass er ganz allein die Amsterdamplanung machen musste und reserviert fünf Plätze im Großraumabteil, Raucher. Außer Jürgen will niemand im Raucherabteil sitzen, aber zu spät.

Jürgen steckt sich die erste Zigarette an. Stein hat eine Reisetasche voller Gras dabei, für den Eigengebrauch. Wir sind auf dem Weg nach Holland, und Stein hat sich Gras für mehrere Wochen mitgenommen. Es wird der erste und letzte Grenzübertritt für Stein sein, bei dem er garantiert nicht gefilzt wird. Trotzdem versucht er, seine Vorräte noch vorher aufzubrauchen. Möglichst noch vor Spandau.

Wir lesen Zeitung und Reiseführer und uns gegenseitig die interessantesten Meldungen vor. Zum Beispiel, dass es in Amsterdam verboten ist, öffentlich irgendwohin zu pinkeln. Falschpinkler müssen hohe Strafen bezahlen.

Ahne will wissen, ob jemand irgendein holländisches Wort kennt, mit dem man sich überall beliebt machen kann. »Da muss es irgendetwas mit Heil geben«, sagt er.

»Heil Hitler«, sagt Jakob. »Das kommt da total gut!«

Bis auf mich bekommen alle nach und nach einen Naturtick.

»Rehe!«, rufen sie, »Schafe! Pferde!«

»Ich habe einen Hasen gesehen!«, ruft Ahne begeistert

und Jakob will mit ihm darüber streiten, ob es nicht doch ein Kaninchen war. Mit Jürgen diskutiert Ahne darüber, ob da draußen Schwäne oder Störche herumstehen.

»Ham die hier viele Tiere«, sagt Jürgen. Er öffnet seine dritte Zigarettenschachtel.

Jakob geht in einen der hinteren Waggons, um zu schlafen. Und um während des Schlafens keine Rauchvergiftung zu bekommen.

An der Grenze kommt die Durchsage, dass die beiden hintersten Waggons abgehängt werden.

»Wo ist eigentlich Jakob?«, frage ich.

»Irgendwo hinten«, sagt Jürgen.

»Dann wird er möglicherweise gleich abgehängt!«

»Nee«, sagt Ahne, »so weit hinten ist er nicht.«

»Vielleicht sollten wir mal nach ihm sehen.« Wir nikken alle.

Danach warten wir eine Weile vor uns hin. Schließlich fährt der Zug weiter. Jakob ist nun auf dem Weg nach Rotterdam.

»Kein Problem«, sagt Jürgen, »Holland ist klein, bis heute Abend ist er auch in Amsterdam.«

Stein verlieren wir, als die Zöllner kommen und er sich mit einem psychologischen Trick unsichtbar macht, damit sie ihn nicht doch durchsuchen. Die Nebelwand in unserem Großraumwagen riecht süßlich.

Da es Stein nicht gelingt, sich wieder sichtbar zu machen, sind wir nur noch zu dritt. Wenn wir noch jemanden verlieren und Falko mit seinem Bus auf der Strecke liegenbleibt, sind wir weniger als die Holländer, die mit uns auftreten sollen.

Als Amsterdam aufgerufen wird, tasten wir uns durch den Rauch zum Ausgang und hoffen, dass uns der unsichtbare Stein folgt.

Die Hälfte der Amsterdamer betreibt Coffeeshops, die andere Hälfte klaut. Schon in der Eingangshalle hängt das erste Plakat, das vor Taschendieben warnt. Die nächste Warnung ist noch größer: Quer über der Fußgängerzone hängt ein riesiges Transparent. Über allen Fußgängerzonen hängen Warntransparente. Überhaupt hängen über allen Straßen Warnungen vor Taschendieben. An den Läden werben Aufkleber dafür, dass Dieben wieder die Hände abgehackt werden.

Trotzdem sind alle nett. »Das macht mir richtig Angst«, sagt Ahne. Er kauft noch auf dem Weg zum Hotel die ersten Platten.

Im Hotel treffen wir auf Jakob, der aus Rotterdam gekommen ist. Stein wird endlich wieder sichtbar und wir ziehen los.

Wir sehen uns schöne, schmale Häuser an und essen Krokettjes, deren Füllung aussieht wie Erbrochenes, aber nicht so schmeckt.

»Amsterdam nennt man auch das Amsterdam des Nordens«, sagt Jakob.

Stein beleidigt Passanten. Ahne kauft Platten.

Am Abend lesen wir zusammen mit Holländern, deren Texte wir nicht verstehen. Wir lachen, wenn wir ein Wort erkennen.

Stein erzählt den Holländerinnen und Holländern nichts über die vielen Farbigen in Holland und die Gefahr, die von ihnen ausgeht, er warnt nicht vor der arabischen Gefahr und erzählt auch nichts über die Rolle der Holländer und der Deutschen während des Zweiten Weltkriegs.

Er liest einfach richtige Geschichten vor, ein Freitagabendwunder.

Am nächsten Morgen gehen Ahne, Jakob und ich auf den Flohmarkt.

Ahne kauft Platten.

Danach kauft Ahne noch mehr Platten.

Ahne und Jakob kaufen nun um die Wette ein: Ahne Platten, Jakob Tulpenzwiebeln. Als Jakob schließlich einen Sack mit 1500 Tulpenzwiebeln kauft, gib sich Ahne geschlagen.

Stein ist es immer noch nicht gelungen, seine Grasvorräte aufzubrauchen. Als ihm ein Dealer etwas verkaufen will, schenkt Stein ihm einen Teil seines Grases. Trotzdem hat er immer noch zu viel, als wir in den Zug steigen. Angestrengt raucht er noch auf dem Bahnsteig.

Von Zöllnern unbehelligt erreichen wir Berlin.

Ein paar Dinge sind enttäuschend unholländisch gelaufen – wir sind nicht durchsucht worden, wir sind nicht beklaut worden und Drogen haben wir auch nicht eingekauft.

Aber zumindest Jakob kann mit seinen Tulpenzwiebeln beweisen, dass wir wirklich dort waren.

Zwiegespräche mit Gott

Heute: Stein

Ahne

A: Na Gott.
G: Na.
A: Na, ick bin traurich, Gott.
G: Ick weeß.
A: Ick habit ja jewusst, dittit so kommt, aba trotzdem, dit machtet nich leichta.
G: Nee, leichta machtet dit nich.
A: Da is so 'n Schmerz, inne Brust drin.
G: Ja, da is so 'n Schmerz.
A: Dit zieht so, hier rüba.
G: Da rüba, jenau.
A: Is dit nich bei jeden andas?
G: Dit is bei jeden andas, richtich.
A: Meinste, dit dit denn jut is, wemman sich denn betrinkt?
G: Wenn de Lust druff hast? Machet einfach.
A: Soll ick dir ma von ihn azähln?
G: Tu et.
A: Wah voll mein Vorbild jewesen, Gott. Als ick ihn so jesehn hab, früa, also wo ick ihn kennenjelernt hab, da hab ick ihn ja jesehn und da hatta schon damals, dit wah für mich einfach, der wah lustich und der wah aba ooch frei und der konnte sich ooch uffregen und denn wara

ooch wütend, aba vor allen wara frei, so frei, wie ick vorher noch keen andan Menschen jetroffen hatte.

G: Jesoffen und jeroocht hatta aba ooch wie Hölle.

A: Türlich, will ick ja ooch nich vaschweigen. Dit hatta ooch, selbstvafreilich. Dit hat zu ihn dazujehört. Aba ausjemacht hattet ihn nich. Manchmas konnta ooch nerven. Manchmas hatta ja ooch ewige Vorträge jehalten, oda denn hatta plötzlich Sprüche jekloppt, die jingen uff keene Kuhhaut..., aba ürgendwie, also ick fand, er durfte dit, weila nämich allet jeliebt hat.

G: Dit hatta.

A: Nich wah, Gott, du weeßt dit? Du kannst dit bestätijen.

G: Hmm.

A: Jibs einklich nach den Tod noch die Scheinwelt, Gott?

G: Die... Scheinwelt?

A: Papierkram, Ämta, Anträge, Formulare, Vasicherungen, Bescheide..., die janze Kacke ehmd.

G: Also, ooch wennde mir nich gloobst, aba sowat jibs nach 'n Tod nich mehr. Definitiv.

A: Wenichstens wat. Trinkste denn een mit, uff ihn?

G: Kannick machen.

A: Prost Gott. Uff Stein.

G: Uff Stein.

Wie Stein einmal fast überführt worden wäre

Falko Hennig

Überraschend war sie nicht, die Nachricht von Steins Tod, seit Jahren hatte er sich intensiv mit Religionen beschäftigt und immer wieder kichernd zu uns gesagt: »Kinder, ich sterbe zuerst von Euch!« Dann der Lungenkrebs und Stein war immer noch Stein, ließ sich einfach nicht operieren, präsentierte sich in makabren Videos und dann war er mit einem mal in einer dubiosen Klinik bei Saarbrücken. Und dort starb er. Als sich gerade eine kleine Völkerwanderung zu ihm in Bewegung setzen wollte, um ihn die Hand oder was auch immer zu halten, war es schon aus, er war tot.

Sein letzter, mehrfach geäußerter Wunsch war, sich einbalsamieren zu lassen und so im Rollstuhl durch den Tiergarten gefahren zu werden. Das mit dieser Klinik am Arsch der Welt war mal wieder eine typische Stein-Aktion gewesen, völlig sinnlos und nun drohte eine eigentlich unbezahlbare Überführung.

Wir von der Reformbühne, bei der Stein seit Gründung 1995 fest dabei gewesen war, standen beieinander und erinnerten uns an unseren Freund. Seine makellos weißen Zähne, auf die er immer so stolz gewesen war, er hatte sich sogar Brillanten in die Schneidezähne einsetzen lassen. Oder wie er immer auf seinem Zebra in den Schokoladen kam? Das war nach seiner Rentier-Phase.

»Oder«, wendete Bov ein, »erinnert Ihr Euch an seine akribische Buchführung? Diese Kladde, in die er jede Einnahme schrieb.« Wir nickten und erinnerten uns. Heiko sagte:

»Er war einfach ein Profi, ein Bühnenprofi, da saß jede Pointe, jeder Satz.«

Ja, so war Stein gewesen.

»Es war sein letzter Wunsch, er wollte einbalsamiert werden, den müssen wir ihm erfüllen!«, sagte ich.

»Mensch!«, sagte Jakob, »Das ist unbezahlbar, allein schon die Überführung, und dann das Einbalsamieren!« Da fiel mir etwas ein:

»Ich kenne einen Tierpräparator im Ruhestand in Hekkelberg, der würde uns einen Sonderpreis machen, der macht nur noch, was ihm Spaß macht und was eine Herausforderung ist.«

»Aber war das denn wirklich Steins letzter Wunsch?«, fragte Heiko. Leider führte daran nichts herum, immer wieder hatte er davon gesprochen.

»Am billigsten wäre«, wusste Jakob, »ihn dort in Saarbrücken einäschern zu lassen, die Urne kann man mit der Post schicken. Und er merkt es ja nicht mehr.«

»Oder per Internet, das ist noch günstiger«, meinte Heiko.

»Muss man ihn dafür nicht mit einem 3-D-Scanner einscannen?«, fragte ich.

Uli warf ein: »Ich hab doch den P-Schein, der gilt für Personentransporte aller Art.«

Aber die Bestattungsmafia hatte längst jeden Leichentransport, wenn er nicht von ihnen selber in besonders teuren Autos vollzogen wurde, für illegal erklärt, und seinen P-Schein wollte Uli dann doch nicht riskieren.

Sollten wir ihn mit dem Zug holen oder mit dem Flugzeug? Das Problem war der Geruch, also doch eher mit dem Flugzeug? Wir würden die Leiche stehlen und ihn dann in einem Rollstuhl ins Flugzeug schieben, vielleicht etwas Schnaps drübergießen und sagen:

»Das ist unser Kumpel Stein, der hat etwas zu viel getrunken.«

Ahne war skeptisch: »Dafür brauchen wir einen Bauchredner, oder wenigstens jemanden, der bauchlallen kann.« Unsere nächste Überlegung war, das Flugzeug zu entführen, falls es Probleme gäbe.

»Dann würden wir irgendwo abgeschossen«, war sich Bov sicher, »das wäre es doch noch, das Flugzeug mit dem toten Stein wird irgendwo im Saarland, im Nirgendwo abgeschossen.«

Uli war wütend: »Dieses Scheiß-Saarland, ich habe es Euch immer gesagt, aber ihr wolltet mir nicht glauben!«

Jetzt war es sowieso zu spät. Wir mussten Stein holen, war nur noch die Frage: Wer? Denn wenn wir alle hinführen, dann könnten wir ihn für die Kosten gleich in einem Sarg aus purem Gold von zehn weißen Elefanten nach Berlin ziehen lassen.

Wir losten aus und mir war eigentlich klar, wie es ausgehen würde, bei meinem sprichwörtlichen Glück. Wenn der Blitz in einen Baum einschlug, dann stand ich bestimmt darunter.

Das Los fiel auf mich und Robert. Hin würde es im Flugzeug gehen, zurück im Zug. Wir gaben Steins großen persischen Lieblingsteppich auf, die Rückfahrt müssten wir im Zug hinter uns bringen.

Der Taxifahrer schien nicht überrascht, als wir unser Fahrziel, das Leichenschauhaus nannten und einen riesigen Teppich in den Kombi stopften.

»Hier sind 100 Euro,« sagte ihm Robert, »und nochmal 100 Euro gibt's, wenn Sie hier 10 Minuten warten, uns zurückfahren und keine Fragen stellen.«

Der Fahrer nahm erfreut das Geld. Wir stiegen mit dem Teppich hinten durch das Fenster ein, es war ein Raum voller Schubladen, riesiger Schubladen. Ich öffnete die erste, darin lag ein circa 80jähriger Zigeuner, in dessen offenem Mund goldene Zähne merkwürdig lebendig blinkten.

»Fang du am anderen Ende an, wir haben nicht viel Zeit!« Robert gehorchte, ich schob den Zigeuner wieder zu und die nächste Lade heraus, ein Einbeiniger, der Tränen und ein Spinnennetz im Gesicht tätowiert hatte.

»Ein Kind!«, schluchzte Robert am anderen Ende des Raums. Ich ging hinüber. Es war wirklich ein harter Anblick: Ein ungefähr 10jähriges blondes Mädchen, das wie ein Engel aussah. Ich schob die Bahre schnell wieder hinein: »Wir müssen uns beeilen, wir suchen Stein!«

Ich öffnete das nächste Schubfach und rief: »Ich habe ihn!«

Robert kam an und war skeptisch: »Ist er das wirklich?«

»Ach, was weiß ich denn! Die sehen alle gleich aus!«

»Aber er kuckt so komisch.«

Es stimmte, dieser Mann hatte ein trübes gelbes Auge und ein herrlich braunes Glasauge. Ich klopfte mit meinem Ehering dagegen: »Nein, Du hast Recht, wir müssen weiter suchen.«

Ich öffnete noch eine Schublade, ein tätowierter Seemann, war Stein tätowiert?

»Ich kann nicht mehr!«, sagte Robert, »Ich kann da nicht mehr hinsehen!«

»Reiß Dich zusammen!« rief ich, »Tu's für Stein!« Es schien zu wirken, ich öffnete Lade um Lade, ein deprimierender Job.

In dem Moment rief Robert: »Bingo, ich habe ihn!«

Ich warf einen kurzen Blick auf das Gesicht: »Das ist er, los, lass ihn uns einpacken und los! Ich habe keine Lust hier noch länger zu bleiben.«

Robert stimmte zu. Wir rollten ihn in den Teppich und verschnürten ihn mit Gaffa-Band und brachten auch zwei Henkel an.

»Wieso ist er denn so fett?«

»Sie werden ihn mit Medikamenten abgefüllt haben.«

Das mussten aber richtige Hardcore-Medikamente gewesen sein, sicherlich Blei, auf jeden Fall irgendein Schwermetall. Der Taxifahrer fuhr uns zum Bahnhof, wir kauften uns einige Biere und bestiegen den Zug. Die Leute waren sehr hilfsbereit mit unserem schweren Teppich, schließlich saßen wir und fuhren durch die Nacht nach Berlin.

»Sie sind überführt!«, kicherte Robert in der Art von Steins Kommissar Schulz. »Sie sind überführt, denn wir wollen, dass Sie sicher leben!«

In Berlin waren wir ziemlich übernächtigt, als wir bei Lt. Surf ankamen. Steins Freundin Karla war da. Wir packten ihn im Wohnzimmer aus.

»Aber«, sagte Karla, »das ist ja eine fette Frau! Warum habt ihr eine fette Frau hergebracht?«

Es stimmte, es war eindeutig eine fette Frau. Jedenfalls war sie dick und das war auch die Erklärung, warum die Fracht so mordsmäßig schwer gewesen war.

»Warum bringt ihr denn eine fette Frau?«, fragte Karla wieder und schluchzte. Wir sahen uns betreten an, sie hatte recht, es war eindeutig eine ziemlich fette Frau.

Wir setzten die Frau in den Disco-Rollstuhl von Lt. Surf und fuhren sie zu Johnny Cash Songs durch den Tiergarten. Wir waren beruhigt, dass Stein den Unterschied nicht zu bemerken schien, jedenfalls gab er uns kein Zeichen.

Danach ging es zum Hauptbahnhof zurück nach Zweibrücken, die Lokführer streikten noch immer und es würde eine lange Fahrt werden. Wir waren unzufrieden.

»Ich will Ost-Fotzen!«

Erinnerungen an Michael Stein

Klaus Nothnagel

Als ich Michael Stein vor ungefähr 18 Jahren kennenlernte, trug er gern großkarierte Holzfällerhemden. Ich glaube, er hatte damals Locken. Es war nicht besonders schwierig, mit ihm ins Gespräch zu kommen. Außer ihm waren damals Dr. Seltsam, Cluse Krings, Frank Fabel und Anja Poschen Mitglieder der »Höhnenden Wochenschau«. Die Truppe zerfiel damals in zwei Fraktionen, die Ideologen und die Komiker (zumindest kam es mir so vor) – Stein gehörte nicht nur zu den Komikern, er hatte sich auch darauf spezialisiert, die Ideologen mit Hohn und Spott zu überziehen.

Über Dr. Seltsam sagte er: »Der Doktor profitiert bis heute davon, dass man 1976 eine neue Methode der Gehirnentnahme erfunden hat. Dadurch war es möglich, das Gehirn des Doktors rauszunehmen und zu gefrieren. Bis Anfang der 90er Jahre war es tiefgefroren; dann wurde es ihm wieder eingesetzt. Dadurch ist der Doktor bis heute imstande, absolut authentischen Marxismus-Leninismus von 1976 zu produzieren.«

Bei den Redaktionskonferenzen, die immer freitags, am Abend vor der Samstagsshow, stattfanden, war es üblich, dass die Texte, die dort vorgestellt wurden, unerbittlich kritisiert wurden. Auch Stein war nicht gerade zartfühlend, wenn er den Text eines Kollegen nicht mochte; verteidigte man aber einen Text mit einer besonders albernen und hirnrissigen Argumentation, dann konnte es vorkommen, dass er darüber lachen musste und den Text für den Rest der Sitzung seinerseits verteidigte.

Im Winter 1989/90 nahm die »Höhnende Wochenschau« Kontakt zur damaligen SED/PDS auf; wir fürchteten damals, im Osten würden die Neonazis stärker werden und wollten mit unseren bescheidenen Mitteln zu ihrer Bekämpfung beitragen. Der frühere DDR-Vizekulturminister Klaus Höpcke lud uns ein, im Gebäude an der Oberwallstraße – wo früher Honecker seinen Amtssitz hatte – eine Art Probeauftritt vor Partei-Leuten aus der ganzen DDR zu absolvieren, ein Casting sozusagen. Diejenigen, denen unsere Texte gefallen würden, könnten dann ja Gastspiele mit uns vereinbaren, so Höpcke.

Wir freuten uns besonders darauf, wie das Publikum auf Stein reagieren würde. Er führte damals u.a. eine Art Talking Blues auf, eine sehr ruhige Nummer, etwas schleppend vorgetragen, mit sehr feinem Gefühl für Timing. »Tresen gestanden / Bierchen getrunken / Zijarette jeraucht / Hallo Heinz jesaacht« – daran erinnere ich mich noch. Ich selbst hatte dazu am Klavier einen matten Blues zu improvisieren. Die Parteihirsche waren leise befremdet, da sie solche Nummern in ihrer Welt des politischen Laber-Kabaretts nicht kannten. Sie fanden uns aber sympathisch. Auch schien uns ja mit ihnen irgend eine Art von linker Grundüberzeugung zu verbinden; jedenfalls erweckte Dr. Seltsam immer gern diesen Eindruck bei den Bonzen.

Die anderen waren einfach neugierig auf eine Tournee durch die Ruine des preussischen Sozialismus. Während des Auftritts im Parteigebäude wollte Seltsam unbedingt ein dämliches Biermann-Gedicht vorlesen (der Dr. las ja immer gern Sachen vor, die ihm keine Arbeit mehr machten). »Lob des Kommunismus« hieß es, oder so ähnlich. Wir anderen fanden das Gedicht minderwertig und politisch doof. Seltsam wartete einen Moment ab, in dem jemand hinter der Bühne trödelte (Stein?) und schob seinen fülligen Leib geschwind an allen anderen vorbei, um sich auf der Bühne hinzusetzen und den Biermann rauszublöken. Alle bis auf Organisationsleiter Krings waren von diesem Putsch begeistert und erheitert, Stein ganz besonders. Ihm gefiel es immer, wenn Strukturen auseinanderfielen – und er mittendrin! Nachträglich kann ich kaum glauben, dass er sich so lange Zeit bereitwillig dem Redaktionsritual unterwarf.

Als wir dann in der DDR waren – Neubrandenburg, Dresden, Leipzig, Cottbus, Lübbenau und noch einige Orte, deren Namen ich nicht mehr weiß –, unterhielt Stein die lokalen Veranstalter immer mit Skurrilitäten. In Cottbus gingen wir verkaterten Schädels mit unserer Veranstalterin spät morgens an einem Gewässer spazieren. Er wolle ihre kommunistische Weltsicht nicht ins Wanken bringen, sagte Stein zu der kichernden Frau, aber er müsse ihr jetzt kurz etwas stark Christliches demonstrieren, er könne nämlich auf dem Wasser gehen, genau wie der damals, ganz genau. Er improvisierte einen ausholenden, nach einer Robert-Crumb-Comicfigur aussehenden Schritt aufs Wasser zu, ließ den Fuß dann knapp über dem Wasserspiegel schweben, zuckte, grunzte, zog schließlich zurück und sagte der Frau, kopfschüttelnd und treuherzig blickend: »Es tut mir leid, ich weiß wirklich nicht, wie mir das passieren konnte: Es geht nicht; ich hab die falschen Schuhe an!«

Mit Stein, der zwar keinesfalls »alle Drogen nahm, die es gab« (Seltsam), aber doch so dies und das und so dann und wann – mit Stein kam es auch zu merkwürdigen Begebenheiten nach den Gelagen, die sich regelmäßig an unsere Auftritte anschlossen. Einmal fragte er morgens einen Parteikellner (ja, einmal im Leben hatte unsereiner Privatkellner, wenn auch nur in einem untergehenden Staat!), wo denn sein Shit vom Vorabend sei. »Oach sou, sie meinen dän braunen Glumben, der durtt gelägen hodd? Mir homm gekloobt, das wär vorgammeldde Schoggoloade, da hammors weggeschmisn!« Stein stöhnte auf und lachte gleichzeitig.

Das Publikum unser Ost-Auftritte war damals doppelt verwirrt: Erstens dadurch, dass ihnen ihr grauer kleiner Spießerstaat unterm Hintern wegschmolz, was für manche absolut nicht zu verarbeiten war; und zweitens durch unser Auftreten, unsere Texte, durch den antiautoritären Grundzug der Truppe. Die erste Frage aus dem Publikum, die wir nach jeder Show hörten: »Wovon lebt ihr eigentlich?«

Nach einiger Zeit ließen wir immer Stein als ersten antworten; denn seine Standardantwort – »Ich hab mal ne Ausbildung als Ladendieb gemacht« – setzte gleich einen klaren Standard für die weiteren Antworten. Wir gingen nach einigen Tourneestationen dazu über, als Anmoderation für Michael zu sagen: »Und jetzt begrüßen Sie bitte das Drogenproblem der Höhnenden Wochenschau, Michael Stein!« Das war durchaus übertrieben; aber einen recht derben Konsum an Rauschstoffen verschiedener Art hatte er manchmal schon. Wenn wir im Kleinbus aus Berlin hinausfuhren, hielten wir auf Antrag von Stein immer am ersten Intershop. Dort wurde Whisky zugeladen, der jeweils beste, der zu haben war. Wenn gar kein Whisky vorhanden war, setzte Stein schon mal durch, dass »Küstennebel« gekauft wurde, ein trüber, spermafarbener Anislikör, der weder lecker war noch zuverlässig betäubte.

Stein war damals sehr interessiert am sozialen Leben nach den Vorstellungen. Unsere Unterbringungen reichten von verlassenen Plattenbauten, auf deren noch brauchbare Wohnungen die Partei Zugriff hatte bis zu Gründerzeitvillen mit höflichen Kellnern und umfangreichen Cognac-Vitrinen (ehemalige Stasi-Domizile, so vermuteten wir). In einer der Plattenbau-Wohnungen, die wir nutzten, war eine leidlich angenehme Badewanne. Dr. Seltsam ließ sich ein Bad ein und nahm lesend in der

Wanne Platz. Stein kam kurz danach hinein und wünschte zu pinkeln, wurde aber abgewiesen, weil das beim Baden abstoßend sei. Kurzerhand pinkelte der Neuköllner Berserker daraufhin bei Dr. Seltsam in die Wanne – eine Tat, die ihm bei allen anderen Mitgliedern der spätpubertierenden Truppe großes Lob eintrug und die sich schnell zur veritablen Anekdote auswuchs.

Auf dieser Tour kam es zu Liebschaften, teils mit der restsozialistischen Bevölkerung, teils mit Frauen, die mitgereist waren. Mir oblag es, der Tölpel zu sein, der sich tatsächlich während der Tour verliebte. Die Geschichte war gerade ein paar Tage alt, als ich die bewusste Dame mit Stein im Bett vorfand. Leider kann ich mich an die Erklärung, die der Meisterschwadroneur in diesem Moment abgab, nicht mehr erinnern. Unvergesslich ist mir aber, was Michael Stein irgendwann um 2 Uhr morgens durch einen Plattenbaukorridor brüllte, ein Satz, der weniger seine feinsinnige und mehr seine großkarierte Holzfällerseite betonte: »Ich will Ost-Fotzen!«

Jeder Text ein Angriff

Meine Erinnerungen an Michael Stein

Dr. Seltsam

Als ich 1975 nach Westberlin kam, lernte ich auf der ersten Vollversammlung vom Kommunistischen Bund (KB, nicht zu verwechseln mit dem KBW) Michael Stein kennen. Er war das denkbar größte Gegenteil von dem Stein der letzten Jahre: er war ein braver Schwiegersohntyp, mit streng gescheitelten Haaren im Faconschnitt und einem hellen sauberen (!) Cord-Jackett mit vier Kulis in der Brusttasche. Er arbeitete bei Uniondruck oder Ullstein, bemühte sich brav, nicht zu trinken, um morgens pünktlich zu sein und als geachteter Kollege in den Betriebsrat zu kommen. Als organisierter überaus intelligenter Jungarbeiter hatte er »alles gelesen, was seine Klasse anbetrifft« (Degenhardt) und war aus eigener Qual ein wütender Feind von Ausbeutung und Lohnarbeit. Es war offenkundig, daß er Marxist war, weil er sich von der Revolution seine ganz persönliche Befreiung erhoffte. Er hielt es einfach nicht mehr aus; seine ganze zur Schau getragene Überanpassung an die spießigen Kollegen sollte nur deren Vorbehalte gegen Linke dämpfen, die kämpferischen Setzer und Metteure in seine kommunistische Druckerzelle locken und damit den Sturz der Bourgeoisie beschleunigen. Das war alles für ihn kein utopisches Wolkenkuckucksheim, sondern tägliches Gebet. Er war mir sofort sympatisch, denn er war ein Mensch, der »brannte«. Netterweise empfand er mich als seinesgleichen, und als der von welchen Geheimdiensten auch immer unterwanderte KB-Chef »Hans« aus Hamburg anreiste, um mich persönlich auszuschließen (wegen der KPD-AO, aber das ist eine andere Geschichte), tröstete er mich und hielt zu mir, fast als einziger von 60 »Genossen«. Solche Kämpfe verbinden fürs Leben und tatsächlich trafen wir uns in den unwahrscheinlichsten Kombinationen wieder und brachten tolle Dinge ins Rollen.

Stein sah, daß mit dem Niedergang der K-Gruppen seine Chancen auf sofortige Befreiung der Arbeit sanken. Da trat er wenigstens individuell ins Reich der Freiheit über und beschloß »Künstler« zu werden, um sich zu retten. Natürlich hatte er sämtliche Urteile der Klassiker über das Kleinbürgertum drauf und log sich auch nicht in die Tasche, daß er nun was Besseres wäre. Im Gegenteil: wenn ich mit ihm zu einem Auftritt verabredet war und ihn abholte – das mußte schon sein, wenn man ihn sicher auf der Bühne haben wollte –, fluchte er über das eingebildete Künstlerpack, auch über Leute, die Elogen auf ihn geschrieben haben.

Er begann, sich irgendwo als Tagelöhner zu verdingen. Am besten gefiel ihm der Job als Bilder-Transporteur. Da hatte er wenigstens am Rande was mit Kunst zu tun und verdiente trotzdem Geld für seine kleine Tochter. Steins fulminantes Wirken in der Berliner Szene ist ohne diesen Widerspruch gar nicht zu verstehen: Der solidarische Prolet, der aus »seiner Klasse aussteigt«, weil er spürt, daß er unter der Arbeit kaputtgeht, der aber nicht opportunistisch »aufsteigt« wie linke Parteikader und Gewerkschaftsfunktionäre, sondern mit seinem roten Haß eine Gesellschaft verflucht, die freie Menschen unter das Fabrikjoch zwingt.

Ich glaube, seine späteren Anhänger aus den Kreisen

der Lesebühnen, junge antikommunistische Ost-Arbeitslose, die vor allem selbst was erreichen wollen und nicht wie Stein eine bessere Welt für alle, haben nie so richtig begriffen, daß ihr Guru ein marxistisch-leninistisch gebildeter Sozialrevolutionär war; was sie von ihm abguckten war eher das Ungehemmte, Egomane, Schweinöse. In der Tat: Was Stein da auf den Bühnen als »Kunst« anbot, war in jeder Hinsicht gewöhnungsbedürftig.

Sein Haß auf die Arbeit brachte eins seiner Hauptwerke hervor, das »Gebet gegen die Arbeit« (siehe Seite 15), hundertmal in kleinen verrauchten Zimmerbühnen in Berlin-Mitte unter dem Gejohle mittelständischer Studenten zelebriert, die das zugrundeliegende Vaterunser gar nicht kannten und auch nicht die proletarische Verzweiflung ihres Propheten.

Die achtziger Jahre verbrachten wir als Gelegenheitsarbeiter und freie Autoren bei der *taz*. Steins großartigster Text war eine Satire auf deren Stasi-Riecherei, nachdem Till Meyer »enttarnt« worden war. »Ich war IM ›Arschloch‹ Stein«, bekannte er ganzseitig und jeder bekam seine Peitsche ab: Dr. Seltsam seien in der Charite geheime Injektionen verabreicht wurden, behauptete er zum Beispiel, die ihn auf dem geistigen Niveau von 1976 festhalten. Stein hingegen hatte sich offenbar weiterentwickelt und schwankte nun zwischen Anarchie, Autonomer Antifa und Alkoholismus.

Nach der legendären »Ersatz-*taz*« gab es dort einen der üblichen Rechtsschwenks und ein Dutzend Autoren und Redakteure flog raus. Wir trafen uns und wollten gern weiter schreiben aber keine Zeitung machen. So entstand Die »Höhnende Wochenschau« in einem Miniladen in der Kreuzberger Dieffenbachstraße. Stein formulierte das unerbittliche Credo: Jeder Text muß einen Angriff enthalten. Und: Sachen über die auch Nazis lachen (könnten) sind verboten. Das habe ich mir bis heute als Kriterium fortschrittlicher Kunst gemerkt.

Zum Mauerfall 1989 gab es von Stein und Droste in der

»Wochenschau« die prophetische geniale Zitate-Montage: »Drecksäcke bekennen: Ich bin ein Berliner!« (siehe Seite 25). Mittlerweile kann ja jeder Schmock von Schlingensief bis Raab so haltlos Schimpfen, damals war das neu und kühn, wir lauschten atemlos und wie besoffen. Dann kam die legendäre DDR-Tournee. Klaus Nothnagel hatte einen Brief geschrieben, daß wir der DDR gern gegen die Leipziger Dumpfheit beistehen möchten, Adresse: »An die Regierung der DDR, Berlin.« Nichts weiter. Nun, damals gab es noch Institutionen, die solche Post an die richtigen Empfänger weiterleiten konnten, und so saß eines Sonntags der DDR-Kulturminister Klaus Höpcke in der Show und lud uns zu einer Rundreise durch die DDR-Provinz ein. Wir hatten in 17 Städten über 10000 Zuschauer, manchmal mehr als Helmut Kohl bei gleichzeitigen Wahlkampfauftritten.

Stein sah schon ziemlich punkig aus und hielt sich auch nicht zurück, die Arbeitsvergottung des Staatssozialismus zu geißeln, die Zuschauer fragten jedesmal »Wovon lebt ihr denn?«, und als wir zugeben mußten »Von Sozialhilfe«, war dieses paradiesische Beispiel vom reichen DM-Sozialstaat allemal wirkungsvoller als unsere Kritik am Imperialismus. Stein wurde immer unzufriedener, in Vetschau waren wir im Ausländerheim für die schwarzen Kraftwerksarbeiter aus Mosambik untergebracht, bekamen mit, wie sie in der Kaufhalle gemobt wurden und mit uns »Weißen« nichts zu tun haben wollten. Stein besoff sich am teuersten Ost-Whisky und bestrafte mich als linken Haupteinpeitscher, indem er mir ins Badewasser pinkelte, mit mir darin.

Unsere Privilegien waren ungeheuer: Als »Tournee-Künstler mit Westerlaubnis« erhielten wir tausend Ostmark pro Auftritt plus Hotel und Essen, am Ende hatten wir 60.000 Mark auf dem Ostkonto, während die Sozi im Westen schon immer am 15. d. M. alle war. Wir zerdroschen mehrere Leihautos und kauften sämtliche erreichbaren Buchhandlungen leer. Die armen Ostkünstler, dachte ich öfter, wie sind die von der Arbeiterklasse vierzig Jahre lang verwöhnt worden, die werden sich aber umgucken, wenn die DMark kommt. Aber auf uns hörte ja keiner.

Unvergeßlich der Auftritt bei den Akademixern in Leipzig, ein H.P. schrieb in der *Sächsischen Zeitung* vom 28.5.1990: »Was mich am meisten nervte, war, daß nun schon wieder Leute auftraten, die mir sagen, was ich zu denken habe... Die Leipziger beobachteten freundlich und aufmerksam. Selbst das ›Maul-Helden-Stadt Leipzig‹ (Dr. Seltsam) rührte sie nicht. Zwischen Publikum und den nebenberuflichen Autoren schien ein Gitter zu stehen. Und jeder dachte, die Affen seien auf der anderen Seite.« Stein trat da bereits nicht mehr mit uns auf, sondern fuhr nun als »Videokünstler« mit und nahm 60 Stunden Material von dieser Reise auf, z.B. als ich nackt mit dem Rasiermesser auf Nothnagel losgehen wollte, oder die schreiende Armut der Sowjetsoldaten im Kasernenhof, in den wir von unserer »Stasivilla« aus Einblick hatten. Unvergleichliche Bilder aus der Wendezeit, alles verloren. Stein, der Idiot, hat bei einer seiner zahlreichen Ausraster und Umzüge alles verbummelt.

Danach war Schluß mit der »Höhnenden Wochenschau«, wir waren komplett zerstritten und jeder ging seinen eigenen Weg. Stein war bei fast jeder neuen Lesebühne kurz dabei und half, kiffte und stritt sich. Sein Verschleiß an Frauen wurde immer wilder, nun bevorzugte er die hübschen Töchter der PDS-Parteiführer. Das war sein »Antistalinismus«. Und obwohl er in Radiointerviews gegen meinen linken politischen Anspruch herzog, trat er doch oft in meinen Shows auf und lud uns in sein Benno-Ohnesorg-Theater ein im großen Saal der Volksbühne.

Wir respektierten uns kaum mehr, aber wir kannten uns zu gut und wußten, daß wir im Bauch anarchistische Brüder waren. Er hatte eine neue Rolle gefunden, den Polizeikommissar aus Neukölln, der so bräsig doppeldeutige Bürgertipps gibt, daß alle unterm Tisch lagen vor Lachen. Das war wirklich große Vortragskunst. Er versuchte nun leider auch zu singen und sogar mit den Zuschauern gemeinsam – Schwamm drüber. Seine Auftritte wurden immer unvorbereiteter und unappetitlicher, nur noch sporadisch waren Geistesblitze dabei, die kein anderer so hinbekommen hätte, etwa seine oft nachgemachte Filmrolle: »Laßt mich hier liegen. Ohne mich schafft ihrs vielleicht. – Nein Jack, auf keinen Fall. – Doch haut ab. – Na gut. – Ey, ihr könnt mich doch hier nicht einfach liegen lassen.«

Die Hausbesetzer vom Schokoladen erteilten ihm wegen frauenfeindlicher Unkorrektheit Hausverbot für den Auftritt bei der Reformbühne: Michael Stein trat das Fenster ein und hielt seinen Beitrag per Megafon von der Straße aus und das Hausplenum war als Spießertruppe entlarvt. So war er.

Unsere letzte Begegnung habe ich ihm noch nicht verziehen. Wir machten zusammen mit der *jungen Welt* eine ernsthafte Veranstaltung über die russischen Nationalbolschewisten, eine veritable Neonazitruppe, die sich bei den Lesebühnen breitzumachen versuchte. Stein kam hereingepöbelt und sagte, er sei nun Fußball-Hooligan und wir sollten jetzt alle so wie er Nazis in den Arsch vögeln, das wäre der korrekte Antifaschismus. Damit war diese Show gestorben. Aber »wer macht nu Revoluschon?« (Thomas Mann).

Schröder erzählt:

Michael Steins rote Raupen

Barbara Kalender & Jörg Schröder

Im »Auerbach« auf der Köpenicker Straße trafen wir Wiglaf Droste, Gerhard Henschel und Michael Stein, alle mit ihren Freundinnen, außerdem saß noch Jürgen Balitzki, der Redakteur von Radio Fritz, mit am Tisch. Was die Qualität des Schickimicki-Lokals angeht, so bestand diese lediglich aus den langen weißen Bistroschürzen der Kellnerinnen. Das Essen war grauenvoll: Barbaras Seewolf halbroh und kalt, meine Hirschkalbskeule zäh, über die anderen Köstlichkeiten schweigt des Sängers Höflichkeit. Wiglaf war eben noch am Anfang seiner kulinarischen Karriere, er fand das Essen gut und die anderen wohl auch. Wir redeten nicht darüber, wollten niemand die Laune verderben. Ist ja auch nicht so wichtig! Man hat doch schon so viel Schlangenfraß hinter sich, da kommt es auf ein schlechtes Essen mehr oder weniger nicht an. Meine Stimmung war trotz des anstrengenden Nachmittags gut, ich hätte von der Leber weg erzählen können und freute mich auf die Sendung.

Gutgelaunt verquatschten wir die Zeit, da drängte der Redakteur von Radio Fritz zum Aufbruch. Es wurde ein Taxi bestellt, das fuhr einen Umweg zum Radio Brandenburg, deshalb kamen wir etwas spät im Studio an. Die Musik lief schon, meine Gastgeber raschelten mit den Manuskripten, der Tonmeister stellte den Pegel ein, da erinnerte ich mich an das Briefchen mit dem Koks aus dem Roten Salon, ich hatte es in die Geldbörse gesteckt. »Das geht jetzt bis ein Uhr«, dachte ich, »nach der Heilmann-Tour und den Weinen im ›Auerbach‹ werde ich sicher gleich müde. Ach, da könnte ich mir doch ausnahmsweise mal eine Nase reinpfeifen, dann bleibe ich munter.« Ich holte das Briefchen raus, hackte mit der Amex-Karte eine Line, rollte auf die klassische Tour einen Geldschein zum Röhrchen und zog die Erfrischung rein – just a fine line, hate to see it go! Für Wiglaf und Michael machte ich ebenfalls einen Kreidestrich, Drogenkenner Stein zog als erster, danach Wiglaf. Der Tontechniker, ein Ofenrohr mit Bierflasche, guckte mißbilligend durch die Glasscheibe. Der Redakteur Jürgen Balitzki und Barbara saßen in einem anderen Kabuff ebenfalls hinter einer Trennscheibe.

»Sendung läuft!« und »Radio Fritz …« und trallala! Wiglaf stieg vom Koks befeuert munter ein, er brachte einen neuen *taz*-Kolumnentext, danach stellte er mich vor: »Schröder erzählt« und März Verlag und pipapo. Von diesem Moment an ging mir die Sinnfrage durch den Kopf: »Warum muß ich hier sitzen und diesen Quatsch machen? Müssen wir überhaupt reden? Das ist doch Blödsinn! Sinnlos!« Keine Ahnung wie es zu dieser Bewußtseinstrübung kam. Vielleicht war das Kokain mit irgendeinem Dreckzeug gestreckt? Kann auch sein, daß die Droge bei mir paradox wirkte, weil ich sie so lange nicht genommen hatte. Egal, ich blieb stumm. Der »Special Guest« Schröder reagierte auf keine Frage, ja, er sprach überhaupt nicht, und Wiglaf wurde immer fordernder: »Jörg, nu sag doch mal was!«

Kokain ist bekanntermaßen eine Quasseldroge, aber bei mir wirkte sie in diesem Moment anders, ich war stoned. Barbara erzählte mir später: »Du sahst plötzlich sehr alt aus, faltig und grau, hast keinen Ton herausgebracht, nur schrecklich die Stirn gerunzelt und dabei alle sorgenvoll angesehen. Wahnsinn, auf einmal hattest du ein Gummigesicht! Man glaubt ja nicht, daß es sooo viele Gesichtsmuskeln gibt, die man bewegen kann! Deine Grimassen sprachen Bände, aber du bliebst stumm – was ja besonders gut kommt im Radio!«

Michael Stein war ebenfalls bedröhnt, nicht nur von der Nase Koks. Er hatte vorher gutes Gras aus Utrecht geraucht, trotzdem war er fit und erlöste Wiglaf. Nach einem kurzen »raschel, raschel, raschel« trug Michael wieder den Raupen-Text aus der *Bild*-Zeitung vor, er las ihn wie ein Brinkmann-Gedicht: »Raupenhorror auf der Autobahn / Überall Raupen / In den Wäldern, auf den Rastplätzen / Alles rote Raupen / Überall! / Sitzen auf Bäumen und Blättern / Lassen sich auf Menschen fallen / Rote brennende Raupen / Ätzen total auf der Haut / Autofahrer kriegen Fieber / Milliarden roter Terrorraupen / Es ist die Raupenpest / Und es werden täglich mehr!«

Dann übernahm Wiglaf mit einem seiner Stücke, wieder stellte er eine Frage an mich, wieder kam nichts von mir oder höchstens ein gequälter kryptischer Satz, der nicht paßte. Wieder wurde mit Musik mein Schweigen überspielt. Nun fing Wiglaf an, wie der Teufel mit den Füßen zu wibbeln. Er war so aufgedreht, wie ich abgedreht war. Zuhörer wurden aufgefordert anzurufen, Michael Stein stellte die Fragen: »Ist Steffen Heitmann irgendwessen Inkarnation, irgendwessen Wiedergänger? Und kann sich die BRD überhaupt einen Bundespräsidenten leisten, der kein Kriegsverbrecher war? Wenn ja, wie soll er heißen?« Einige Hörer riefen an und gaben ihren Senf dazu. Zwischendurch meldete sich auch Ginkgo Güzel, das war Gerhard Henschel, mit verstellter Stimme bat er ultimativ um Weltfrieden.

Irgendwann, gegen Ende der Sendung, machte es bei mir klick! Ich erwachte aus meiner Amnesie und war wieder da. Damit man sich vorstellen kann, wie die angetüterte Nonsenssendung ablief, bringe ich die letzten sechs Minuten:

Droste: Dumpf, dumpf, muff, muff!

Stein: Es gibt jetzt gerade eine neue Unfähigkeit, in das Gespräch zu gehen, hat Wiglaf festgestellt.

Droste: Die neue Unfähigkeit ist auch das, was wir von unserem künftigen Präsidenten Steffen Heitmann erwarten.

Schröder: Das hätte uns früher einfallen sollen! Jetzt sind wir ja auf einem anderen Thema. Neue Unfähigkeit ist ... ja, genau!

Stein: Es berührt aber die Präsidentenfrage sehr stark, der Präsident soll doch fähig sein, ins Gespräch zu kommen. Wenn wir bei uns selber schon eine neue Unfähigkeit konstatieren.

Schröder: Könnt ihr mir beide sagen, ob die neue Unfähigkeit schon in den Medien vorgekommen ist? Denn wenn sie schon vorgekommen wäre, dann wäre es nicht originell, darüber zu reden.

Droste: Es geht doch sonst immer um die neue Ehrlichkeit.

Schröder: All diesen Scheiß. Nein. Aber neue Unfähigkeit?

Droste: Das ist ganz neu.

Schröder: Na, dann hätte sich diese sinnlose Sendung doch gelohnt.

Droste: Ja, ja, unbedingt.

Stein: Diese völlig überflüssige Sendung – kann man das so sagen?

Droste: Ich finde, von Sinnlosigkeit sprechen, heißt, die Selbstkritik zu weit zu treiben. Und bitte nichts Masochistisches, nur weil du gerne an Fußballersocken lutschst.

Stein: Ah, es kommt ein Anrufer, ich nehme ihn an.

Anrufer: Hallo, hier ist der Lars, guten Morgen sage ich diesmal. Die anderen sagten alle guten Abend. Ich gebe euch mal einen Tip für eure nächste Sendung, ja? Bei uns vor der Kaufhalle sitzen immer ein paar Typen, die trinken da Bier. Da stellt ihr das Mikro dazu, das nehmt ihr auf, und denn spielt ihr das ab.

Stein: Eine schöne Idee.

Anrufer: Da kommt auch nicht viel mehr Scheiße raus, als das, was ihr die ganze Zeit gequatscht habt.

Stein: Das ist eine wunderbare Idee, du meinst: das Radio sozialisieren. Den Empfänger zum Sender machen. Einen dialektischen Prozeß herbeiführen, gegenseitiger Austausch …

Schröder: Einen besseren letzten Anrufer hätten wir gar nicht haben können!

Anrufer: Es ist bestimmt …

Droste (schreit): Arschloch! Du Arschloch, du machst mir alles kaputt! Mein ganzes schönes Leben!

Anrufer: Das ist gut, ja! Was mich noch geärgert hat vorhin: Ihr redet immerzu, ihr guckt »Zack«. Ich kann hier nicht »Zack« sehen …

Droste (schreit): Weil du ein Arschloch bist! Kannst du nicht mal »Zack« gucken?! Sogar dazu bist du zu blöd! Ich hasse dich, du hast mir alles kaputtgemacht.

Anrufer: Das freut mich!

Schröder: Die ganze Unfähigkeit!

Droste (schreit): Die ganze Unfähigkeit, alles im Eimer, ich war so unglaublich unfähig, und jetzt kommst du mit deinem blöden Geseier!

Schröder: Hahahahaha!

Droste (schreit): Ich war so unglaublich unfähig!

Anrufer: Das habe ich vorhin gemeint, daß ihr …

Schröder: Jetzt nicht noch einen! Der ist ja ungerührt!

(Der Anrufer sagte irgend etwas von »rauftuten«, mehr kann man nicht verstehen, weil alle durcheinanderreden.)

Stein: Wir haben niemand was raufgetutet, das ist nicht wahr! Das müssen wir von uns weisen!

Schröder: Wir waren nur unfähig.

Stein: Das Tuten ist über uns gekommen, das wäre richtig gewesen.

Anrufer: Über euch gekommen?
Stein: Ja, das Tuten kam über uns. Im Grunde genommen ist dieser ganze Abend über uns gekommen.
Schröder: Er fing schon so an.
Droste (schreit): Ihr redet auch noch mit diesem Arschloch! Verräter!
Anrufer: Ihr seid auf ...
Droste (schreit): Verräter!
Anrufer: Ihr kriegt doch auch ein Gehalt vom Ostdeutschen Rundfunk ...
Schröder: Ja, Scheiße, aber viel zuwenig! Für das Honorar kann man nur unfähig sein, das sage ich dir!
Anrufer: Meinste damit, ihr braucht euch gar nicht anzustrengen, oder was?
Stein: Es geht doch um metaphysische Fragen, es geht doch nicht um Anstrengung, es geht auch nicht um Leistung ...
Droste: Was heißt hier überhaupt Honorar? Als ich neulich diese Bettler gesehen habe und ich in meinen Millionen schwamm, da habe ich gedacht: Menschenskind, ich bin auch nicht glücklich mit den Millionen! Wollen wir nicht tauschen?
Schröder: Außerdem, nachts schläft man entweder oder ist unfähig.
Stein: Vielen Dank trotzdem für den Anruf, das war in gewisser Weise ein wunderschöner Abschluß.
Schröder: Den haben wir bestellt!
Anrufer: Ganz kurz noch, es wird ja immer gesagt, es rufen immer sehr viele Leute an, die sagen: Macht bitte weiter so. Ich sage, macht bitte nicht weiter so!
Stein: Das ist wunderbar, das entspricht genau ...
Schröder: Das ist ja ein Herzchen!
Droste (schreit): Verpiß dich!
Stein: Das entspricht genau unserer Vorstellung von paradoxer Intervention. Wir haben es erreicht, wir haben heute abend das Radio sozialisiert. Jeder kann erzählen, was er will. Es ist völlig gleichgültig, zu welcher Uhrzeit,

über welches Thema, mit welcher Musik, und wir spielen jetzt extra keine Musik, sondern wir quatschen uns noch bis Punkt eins hier durch. Auch wenn wir überhaupt nichts zu sagen haben. Dabei soll es auch bleiben. Ja, die neue Unfähigkeit zu sprechen!

Droste: Ich bin unendlich froh, daß dieser Mann aus der Leitung ist. Ich war am Ende, kurz vor dem Fensterbrett. Und ihr habt mit diesem Mann geredet! Ihr habt mit diesem Mann geredet, der mir alles genommen hat.

Schröder: Du hast uns vorher über die Runden gebracht, Wiglaf, und jetzt, wo wir langsam uns so hochschaukeln, da drehst du durch. Immer zum Schluß, verstehste. Wie bei deinen Kraulrunden.

Droste: Kraulrunden?

Schröder: Du hast mir mal in einem Brief geschrieben, daß du immer kraulst in so sonderbaren Stadien.

Stein: Ja, Wiglaf war früher mal Rettungsschwimmer. Schon lange her! Das wäre jetzt aber auch noch eine Frage an den neuen Bundespräsidenten!

Schröder: Das ist ein Thema für die nächste Sendung.

Frühere Jahre

Über den Musiker Michael Stein

Manfred Maurenbrecher

Wer Erinnerungen an Stein zusammenträgt, schreibt auch über sich selbst. Ich komme da nicht drum rum.

Ende der 70er war ich schüchterner Spätstudent und Teil einer Sponti-Musikgruppe namens Trotz & Träume, die aus drei bis fünf Typen bestand, die ihre Instrumente knapp beherrschten und jede Menge Lieder zum Überwachungsstaat, zur Terroristenhatz, zum bi-Sein und Sex oder Liebe verfassten. Als wir Aufnahmen machen wollten, suchten wir Verstärkung.

Die Rockband Pille Palle und die Ötterpötter arbeitete im gleichen Umfeld, das man damals schon anfing, alternativ zu nennen, und daraus stießen der Trompeter Burkhard, seine geigespielende Freundin Christiane und Basser/Saxophonist Michael Stein zu uns. Wir liehen uns Geld (Vorform von Sponsoring), probten zehn Tage im alternativen Landgasthaus Gems am Bodensee, gaben dort ein gefeiertes Konzert und nahmen dann am Paul-Lincke-Ufer in 36 die geübten Stücke auf: desaströs schlecht, weil ohne eine Ahnung von der Technik, mit der wir umgingen.

Keiner sagte damals Stein zu Stein, wir nannten ihn Micha und sprachen, eh wir ihn besser kannten, über ihn als »der Drucker« – er hatte den Ruf eines gewerkschaftlich verwurzelten Kommunisten. Westberliner Kommunist und Arbeiter – das war schon etwas Besonderes. Micha war bei der Arbeit mit uns zurückhaltend und entwarf die schönsten Arrangements. Nichts spielte er glänzend, alles verlässlich gut.

Er mochte unsere Art zu erzählen, ließ aber durchblikken, er selbst schriebe noch ganz andere Stücke, die zeigte er uns damals nicht. Ich erinnere mich, wie er auf der Bühne der Gems in dem Chaos der Individualisten sich mit seinem Bass in den Rhythmus einwiegte, den wir übernehmen sollten, ein Fels in der Brandung, bis alle »es« hatten, und wie Christiane, die Geigerin, mich anstieß und seufzte: »Er hält das alles zusammen...« Kurz darauf waren sie ein Paar.

Ich habe den Stein jener Zeit als freundlichen Praktiker in Erinnerung. Weltveränderungspraktiker. Tatsächlich, aus seinen Jackentaschen schauten oft mehrere Kulis. Er warf uns dann und wann Bohemefaulheit vor, und dass er von der Arbeit hergekommen war (oder vom Handwerk, Maschinen-Werk), spielte eine Rolle für ihn und uns.

Genauso wichtig war aber sein Opa, der ihm die musikalischen Freiräume finanzierte – er erzählte es grinsend und dankbar. Ich weiß, wie begeistert er auf dem Konzert im Max und Moritz war, das wir zum Erscheinen der Platte gaben, und wie skeptisch er mich anschaute, als ich sagte, ab jetzt würde ich meine Doktorarbeit schreiben. Wir waren Ende Zwanzig, und man entscheidet sich, ohne es zu ahnen, für einen der paar möglichen Wege.

Einfach, indem man ihn geht.

Unsere kreuzten sich Anfang der 80er wieder, als meine erste LP bei CBS rausgekommen war. Micha begutachtete mich spöttisch in einem Biergarten Nähe Hermannplatz, und seine Miene hellte sich auf, als ich erzählte, ein ganzes Zelt Alternativer hätte mich auf dem *taz*-Fest grad ausgebuht, weil ich in einem Lied eine junge Frau mit Soldaten übers Ficken hatte plaudern lassen. Er lachte, und (ich glaube) er sagte: »Die Fotzen.« Jedenfalls stellten wir fest, dass wir ein bestimmtes auferlegtes Pflichtgefühl los waren und etwas freier in der Welt.

Seit ich in der Großbeerenstraße wohnte, kam Micha manchmal vor der Probe im Mehringhof zu mir zum Tee. Im Frühjahr 84 bot mir die große CBS (kurz »die Firma«) an, eine Tour mit Band zu machen, ich kannte eine Schlagzeugerin und bat Micha für alles weitere um Rat. Wir waren dann eine Drei-Mann-Truppe mit Frau am Schlagzeug und einem Techniker, der das Ganze mit viel Hall versah.

Drei Wochen Proben, sechs Wochen touren. Gründlich durchsumpfte Nächte, systematischer Schlafentzug, konseqente Einnahme an- und abturnender Mittel. Durch Unistädte, immer kurz hinter der erfolgreichen Ina Deter her, mal vor 18, mal vor 200 Leuten. War ein anderer Stein, der sich da mit Tom-Waits-Kassetten volllaufen ließ, Frauen mitnahm und in Philosophierlaune kam. Wie ein Glimmfeuer, das einen Funken braucht. Sein bleiches Stoppelbartgesicht beim späten Frühstück, gespielter Wutausbruch an der Rezeption, dies große Lachen, eine Nachtfahrt von Mannheim nach Wilhelmshaven, wo er fuhr, ich ihn wachhielt, wir über sowas wie die Aushebelung von Ordnung und Hitze in der Kälte redeten. So, fand ich, spielte er auch Saxophon: Reißerisch schräg, heiß im Kalten. An einem Punkt im Konzert ging er jedesmal ans Gesangsmikro, ich mimte Synthibass, Frank Augustin klimperte Jazzklavier, Anja Kießling ließ die Besen tanzen, und Stein sang: »Picknick-Time«, die gegroovte Geschichte eines Schrebergartenmörders, der von seinem Blutbad nur den schönen Sohn der Familie ausnimmt, jetzt sein Lustwerkzeug, »und wenn ich ihn einmal nicht mehr mag, wird auch er mein Geheimnis bleiben.« Zum Schluss geschrien, in den erschreckten Jubel des Publikums sagte ich meist: »Nach diesem Stück von Bettina Wegner, das Michael Stein grad gesungen hat…«

Natürlich war die Rede von einer nächsten Platte, und Michas Skepsis gegenüber der Firma war groß. Klar war auch, dass die Profimusiker von Spliff, mit denen ich vorher gearbeitet hatte, diese Tourband nicht ernst nahmen. So wie sie Ton Steine Scherben nicht ernst nahmen. Mit denen hatten wir unterwegs einen Off-Tag in Braunschweig verbracht, Claudia Roth hatte das Hotel gebucht, Rio hatte gegen Morgen theatralisch den Portier geohrfeigt, sich entschuldigt, trotzdem war Polizei aufgelaufen, und ich hatte irgendwie zu schlichten versucht. Micha kicherte: »Wie zwei Räuberhäuptlinge.« Rio trennte sich von den Scherben, und mir sagte man: Du hast einen Rockpalast-Auftritt, verscherz den nicht.

Es folgt ein Abschnitt, über dessen Verlauf und Wertung sich Stein und ich nie geeinigt haben. Er fand mich zutiefst opportunistisch, ich fand ihn feige. Jedenfalls kam er nicht zu den Probeaufnahmen ins Spliff-Studio, für die ich gebaggert hatte, und dann gab es die Tourband nicht mehr. Es blieb aber ein Text auf meiner LP »Viel zu schön«, der war eigentlich eine Widmung für Micha auf ein Gitarrenriff, dass er mir mal gab. Als wir so im Krach auseinanderkamen, machte ich stattdessen eine eigne Melodie, ich wollte stolz sein und nahm das Lied damit auf.

Sah ihn erst wieder nach dem Mauerfall, als Kompagnon von Wiglaf Droste, über regalestürmende Ostlern spottend. An jenem Abend im SO 36 sprach ich ihn noch nicht an, aber bald war die Schranke auf. Spätestens 94 bei Sarah Schmidts und Frank Augustins Salon Pröppke war nur Freude, uns wiederzusehn, als Notizenmacher, Überlebende der hohlen Kulisse Alternativkultur, die zu Staatsehren drängte, als Weitermacher. Keine Verträge mehr, keine Ansprüche. Im März 95 veranstalteten wir unsern einzigen gemeinsamen Abend: »Maurenbrecher und Stein – zwei alte Säcke des Showbizz erinnern sich«, Roter Salon der Volksbühne. Ich habe den Flyer noch, aber nicht das Programm, weiß, dass wir urspät anfingen, dass Steins neue Clique dabei war mit Judith Hermann, Peter Heinze, dieser Clan, der meine Phantasie reizte.

Wir blieben uns nachher nah und fremd. Sahen uns häufig, unternahmen nichts Größeres mehr miteinander. Planten es manchmal.

Guckten uns manchmal an in der Reformbühne, Stein und ich, und er rief mir z.B. bei einem Text von Ahne, wenn ich erstaunt die Augen hob, begeistert zu: »Ja, der lebt auch in seiner eigenen Welt!«

Manche Parallelwelten sind sich so nah.

Der Beginn einer großen Bewegung

Nils Heinrich

Ich fand sie schön und richtig, die Idee der Surfpoeten Michael Stein, Ahne, Lt. Surf, Robert Weber und Spider, dem unter Nichtbeachtung leidenden 2. Mai zum *Internationalen Kampf- und Feiertag der Arbeitslosen* zu erheben. Höchste Zeit, einer unübersehbaren Menschenmenge endlich einen eigenen Kampftag zu widmen.

Da solch ein Kampftag aber nichts ist ohne eine machtvolle Kampfdemonstration, hatten die Aktivisten der *Liga Kampf und Freizeit* bei der Polizei ordnungsgemäß einen Demonstrationszug angemeldet, der am Montag, den 2. Mai, über die Schönhauser Allee führen sollte.

Beim Leseabend der Surfpoeten im Mudd Club, einem der mit wöchentlich rund 200 Zuschauern bestbesuchten Lesebühnen Berlins, hatten sie wochenlang all ihre Besucher unermüdlich darauf hingewiesen, dass sie doch bitteschön am 2. Mai 2005 um 13 Uhr zum Senefelder Platz kommen mögen, um an der dort startenden Demonstration teilzunehmen. Nicht ohne Berechtigung gingen sie also davon aus, weit mehr als 50 Personen zur Demonstration begrüßen zu dürfen.

Es ist zehn Minuten vor 13 Uhr, als ich mich suchenden Blickes dem Senefelder Platz nähere. Ich suche die Menschentraube, die hier in wenigen Minuten loslaufen wird, um gegen bzw. für folgende Sachverhalte zu demonstrieren: »Kein Zwang zur Lohnarbeit«, »Kein Schweiß für Geld«, »Mein Freund ist Roboter«, »Gegen sinnlose Produkte«.

Ich entdecke die Menschentraube. Sie ist sechzehn Personen stark und überwiegend grün. Den kleineren Teil der Traube machen die Demonstranten aus, so ziemlich alle Surfpoeten sind versammelt und amüsieren sich, dass vielmehr Polizisten als Demonstrierende anwesend sind. Ich habe extra meinen Fotoapparat eingepackt, weil ich dokumentieren möchte, wie ein kleines Häufchen Lesebühnenkollegen von einer gewaltigen Polizeieskorte auf Motorrädern über die für den Verkehr gesperrte Schönhauser Allee geleitet wird.

Die heute hier angetretene Liga der glücklichen Arbeitslosen hat sich mit Transparenten und einem Disco-Rollstuhl gut für den Marsch der fünf Millionen gewappnet. Der Disco-Rollstuhl ist ein Rollstuhl mit einer kleinen Musikanlage drauf, die überwiegend zum heißen Wetter passende Surfmusik von sich plärrt. Der Einsatzleiter kommt und fragt, wann es losgeht, seine Leute wollen was zu tun haben.

Irgendwer ruft: »Kein Zwang zur Arbeit!«, der Einsatzleiter lächelt und fragt noch mal. Und dann fragt er, ob noch jemand erwartet wird oder ob das jetzt hier alle Demonstranten seien. »Na mal gucken«, wird ihm erwidert, »wir warten bei unseren Veranstaltungen immer so ne viertel Stunde, bis wir wirklich anfangen. Unsere Anhänger studieren halt zu großen Teilen.« »Aha!«, sagt der Einsatzleiter.

Spider lässt ihn seine Anteilnahme spüren: »Ach, wenn wir gewusst hätten, dass wir Ihnen solche Umstände bereiten, hätten wir die Demo nicht für 50 Personen angemeldet, sondern nur für fünf.«

Wir warten weiter. Passanten werden aufgefordert, mit zu warten: »Reiht Euch ein, denkt nicht drüber nach!« Eine Kindergartengruppe läuft an den Demonstranten vorbei: »Hey, ihr, lauft mit, ihr habt doch auch keine Arbeit!«

Dann erscheinen doch noch zwei junge Menschen mit punkigem Äußeren, die irgendwie dem Lesebühnenpublikum der Surfpoeten zuzuordnen sind. Auf ihrem Transparent steht »Nichtstun ist angenehm!« Mittlerweile ist es 15 Minuten nach 13 Uhr, die Größe der Demonstration ist dann doch auf ca. 25 Menschen angewachsen. Bevor die Demo startet, hält Spider noch eine kleine Ansprache über ein Megaphon, das er zu leise eingestellt hat. Folgerichtig wird sofort aus der kleinen Menge »Lauter, lauter!« gerufen. Spider dreht lauter und wiederholt die Forderungen und die Ziele der Demo, also: »Kein Zwang zur Lohnarbeit«, »Kein Schweiß für Geld«, »Gegen sinnlose Produkte«, »Mein Freund ist Roboter«.

Jede Forderung wird kämpferisch von der Menge wiederholt. Dann übergibt Spider das offene Megaphon an den Einsatzleiter der Polizei. Dieser gibt bekannt, dass es erst ab 50 Personen gestattet ist, auf der Straße zu demonstrieren. Da diese Personenzahl nicht erreicht wurde, muss der Fußweg benutzt werden. Das sei schade, denn die Kollegen der Motorradstaffel hätten extra ihre schönsten Motorräder aus der Garage geholt. Die großartige Einsatzbereitschaft der Polizei wird mit lautem Jubel honoriert. Er bitte dann noch, so der Einsatzleiter, beim Demonstrieren den Radweg für die Fahrradfahrer frei zu lassen und an roten Ampeln auch stehen zu bleiben. Dann geht's los. Weniger als 30 glückliche Arbeitslose spazieren mit Transparenten auf dem Fußweg vom Senefelder Platz in Richtung *Schönhauser Allee Arkaden*.

Vor allem Ahne ist es, der unterwegs immer wieder Parolen zum Mitskandieren vorgibt: »Wir sind das Volk!«, »Wir haben Zeit!« und Ähnliches wird von so ziemlich allen lautstark mitgerufen. Als die Demonstration einen Secondhandshop passiert, ruft Ahne der rastagelockten, rauchenden Verkäuferin im Türrahmen entgegen: »Gegen sinnlose Produkte!«

Gleiches wiederholt er an einem Sexshop und einem Blumenladen. Als der Zug ein Sonnenstudio passiert, erschallt massenhaft die Parole »Kein Schweiß für Geld!«

Zwischen den Parolen wummert laut der Disco-Rollstuhl. An einer roten Ampel bleiben alle brav stehen, bis es grün wird. Dann, einige Meter später, wird die Demonstration aufgehalten: Der Transporter eines Kurierdienstes versperrt den Gehweg, was allgemeinen Unmut hervorruft: »Gegen Zwang zur Lohnarbeit, kein Schweiß für Geld, gebt den Weg frei«, und so weiter.

Als immer noch niemand den Transporter wegfährt, heißt es schließlich »Wir haben Zeit, wir haben Zeit!«. Dann enteilt ein sichtlich irritierter Kurierdienstfahrer dem Haus hinter dem Transporter, springt wie ein Wiedehopf auf den Fahrersitz und macht, dass er Land gewinnt. Der Weg ist frei. »Wir haben gewonnen!«, freut sich die kleine lustige Meute.

Unterdessen fragt der Einsatzleiter den Demo-Chef Spider, ob denn nicht mal eine kleine Kundgebung geplant sei. Der im Abhalten von Demonstrationen ungeübte Surfpoet bedankt sich artig für den wertvollen Tipp und trägt den Vorschlag weiter.

Dann, vor den *Schönhauser Allee Arkaden* schließlich, ergreift Lesebühnenurgestein Stein das Wort bzw. das Megaphon. Er hebt an, vorm Demonstrationszug und den vielen hundert Unbeteiligten auf dem Platz das von den Surfpoeten bekannte Gebet gegen die Arbeit zu sprechen.

Wie bei einem Gebet üblich, wird jeder Satz laut von der Menge der glücklichen Arbeitslosen nachgesprochen. Danach muss sich Kollege Volker Strübing verabschieden, zum Arbeiten, wie er sagt. Alle lachen.

Irgendwann erreichen wir wieder den Senefelder Platz und danken nach einer kurzen Abschlusskundgebung den wenigen noch übrig gebliebenen Polizisten herzlich für ihren Einsatz. Einige Demonstrationsteilnehmer bleiben hier, um Alster oder Bier zu trinken, andere gehen nach

Hause, glücklich und befreit, denn sie sind heute für ihre Ziele hier in Berlin auf die Straße gegangen!

Und in einigen Jahren, wenn der Demonstrationszug zum Tag der Arbeitslosen über die Straße des 17. Juni führt und der eine kleine Disco-Rollstuhl 30 oder 40 Trucks mit stadionkompatiblen Anlagen gewichen ist, kann jeder, der heute und hier dabei war, sagen: Ich war dabei!

Einen Schritt weiter

Heiko Werning

Als ich 1991 aus dem westfälischen Münster zum Studieren nach Berlin zog, war ich 21 Jahre alt, und ich wurde nicht recht warm mit der neuen Stadt. Die Szene! Die Kultur! Ja, schön. Aber was nutzt die tollste Szene, wenn man merkt, dass man nicht dazu gehört? Und auch gar nicht dazu gehören will? Wozu die ganze Kultur, wenn man sich von Theatervorstellung zu Museumsbesuch mehr langweilt? Durch Zufall stieß ich auf eine Ankündigung, dass Wiglaf Droste in der Volksbühne auftrat. Das interessierte mich. Von Droste kursierten bei den verruchteren, wilderen, trinkfreudigeren Adoleszenten in Münster Aufnahmen, die wir im trunkenen Zustand gerne begeistert laufen ließen, es war eine für mich völlig neue Kunst: lustig, scharfsinnig und brutal gegen die Richtigen, aber freundlich, wo es gut tat. Ich war begeistert. Und noch begeisterter, als ich herausfand, dass es sich nicht um einen einzelnen Auftritt handelte, sondern eine monatliche Reihe: das Benno-Ohnesorg-Theater. Als Gastgeber fungierte neben Droste ein Michael Stein, und gemeinsam luden die beiden jedes Mal einen oder zwei Gäste ein. Das also war das erste Mal, dass ich in meinem Leben zu einer Veranstaltung ging, auf der Texte vorgelesen wurden: mit Michael Stein.

Klar, Zufall. Oder war es doch ein morphisches Feld? Jedenfalls gefiel es mir gut, ich kam regelmäßig wieder, es gefiel mir immer besser. Es war gut besucht, und das bei einer Anfangszeit von 24 Uhr! Undenkbar in Münster. Endlich spürte ich, dass ich jetzt in einer richtigen *Stadt* wohnte. In der Folgezeit entwickelte ich erstmals so etwas wie Verbundenheit mit Berlin, ich hatte etwas gefunden, wegen dem ich froh war, hier zu wohnen, das es in meiner alten Heimat nicht gab und das ich nicht mehr missen mochte. Dass es parallel dazu auch mit Freundschaften und Frauen aufwärts ging, trug natürlich nicht unbedeutend dazu bei, meine anfänglichen Überlegungen, wie ich möglichst schadlos möglichst schnell wieder nach Westfalen zurück käme, immer tiefer zu begraben. Meine Begeisterung jedenfalls war entfacht für die für mich völlig neue Form des Texte-auf-der-Bühne-Vorlesens. Bald darauf entdeckte ich Dr. Seltsams Frühschoppen, eine weitere monatliche Instanz. Ich begann, mich regelrecht wohl zu fühlen. Also doch noch so etwas wie eine Szene, die mir gefiel.

Es war ganz offensichtlich, dass die Mehrzahl der Besucher beim Benno-Ohnesorg-Theater wegen Wiglaf Droste kam. An besseren Abenden lief Stein einfach so mit, und er und seine Texte wurden freundlich bis höflich mit Beifall bedacht. An ungünstigeren Abenden zeigte das Publikum recht deutlich, wegen wem es gekommen war. Darunter hatten nicht nur die geladenen Gäste zu leiden, sondern auch Stein. Könnte man so schreiben. Ich war mir damals schon nicht ganz sicher, ob es nicht aber vielleicht in Wirklichkeit genau andersherum war: An schlechteren Abend lief Stein einfach so mit, und er und seine Geschichten wurden freundlich bis höflich mit Beifall bedacht, an den besseren Abenden dagegen reizte er das Publikum zur Selbstentblößung: Sie wollten Witze, sie wollten hören, wie allgemein als Doofiane anerkannte Doofiane von Grönemeyer über Schlingensief bis Claudia Roth möglichst treffend runtergemacht wurden, und wenn Stein mit Kommissar Schulz die Polizei ins Lächerliche zog, wurde das auch noch gerne goutiert. Aber wehe, es kam jemand wie z.B. Danny Dziuk und sang einfache schöne, nicht lustige Lieder, dann gab es Gebrumme und manchmal auch Gebrülle, und als Stein plötzlich die Erfahrungsberichte von jüdischen Deportationsopfern vortrug – 10 Minuten, eine Viertelstunde, 20 Minuten, 30 Minuten – und sich nicht im geringsten davon beeindrucken ließ, dass der Unmut sich mehr und mehr steigerte, dass immer mehr von diesen Knallchargen den Raum verließen, da war ich mir nicht so ganz sicher, was ich davon halten sollte. Das war, zugegeben, auch nicht das, weshalb ich gekommen war. Aber ich spürte auch, dass da etwas Bemerkenswertes geschah, dass einer einen Schritt weiter gegangen war. Wir blieben bis zum Schluss.

1994 erklärte Stein bei einer großen, vollkommen chaotischen Überlänge-Veranstaltung mit einem geschätzten Dutzend Mitwirkender aus irgendeinem Anlass, den ich längst vergessen habe, dass dies der letzte Abend des Benno-Ohnesorg-Theaters sei. Ich erschrak: Die Reihe war ein wesentlicher Zuträger meines sich gerade erst entfaltenden Berlinwohlfühlgefühls, und nun sollte einfach Schluss sein? Wiglaf Droste sagte dagegen, nach der Sommerpause gehe es ganz normal weiter, aber Stein verkündete später erneut, dies sei das letzte Benno-Ohnesorg-Theater. Ich war verwirrt. Wussten die denn selbst gar nicht, was sie wollten? Sprachen die sich etwa vorher gar nicht ab? Oder war das wieder so ein Das-Publikum-irgendwie-irritieren-wollen-Dingens, das ich nicht recht verstand? Das Benno-Ohnesorg-Theater ging dann doch weiter, aber ohne Stein.

Diese Verwirrung angesichts von Steins Auftritten sollte mich dauerhaft weiter begleiten. Bei der Reformbühne, als Zuschauer im Schokoladen, sah ich ihn später wieder und freute mich darüber. Allerdings merkte ich auch schnell, dass er in seinem Verlangen, es dem Publikum möglichst nicht recht machen zu wollen, noch mal einen deutlichen Zacken zugelegt hatte. Einerseits. Andererseits schien sich im Schokoladen ein Publikum herauszubilden, dass gerade die Ausfälle von Stein bewunderte und bejubelte, was ich ebenso irritierend fand wie Steins Darbietungen selbst.

Dann starb 1996 mein Vater, ich musste für zwei Jahre nach Münster zurück, organisierte mein Leben neu, begann, selbst Lieder zu schreiben und verlor die Reformbühne und mit ihr Stein aus den Augen.

Erst viel später begegnete er mir wieder, 2003, als ich erstmals wieder zur Reformbühne ging. Nicht mehr als Zuschauer, sondern als geladener Gast. Da habe ich mich sehr gefreut, Stein wiederzusehen, es berührte mich, plötzlich mit einem alten Helden gemeinsam aufzutreten. Als ich bald darauf, im Januar 2004, zum festen Mitglied der Reformbühne wurde, stellte ich rasch fest, dass Stein in der Zwischenzeit konsequent weiter gegangen war. Er schien mehr ein irrlichterndes Moment der Reformbühne zu sein als ein regulärer Mitwirkender, einer, für den keine Regeln galten, von dem keiner wusste, ob er an dem Abend kam oder nicht, es schien auch niemand groß zu kümmern. Der seinen Auftritt vor der Pause hatte, weil, so die anderen, »nach Stein eh niemand mehr etwas machen« könne. Der mal völlig wirres Zeug predigte, mal Peinliches, mal offensichtlich Ärgerliches, dem man deutlich hätte widersprechen müssen, aber bis auf ein paar Zwischenrufe duckten wir uns eher weg und hofften, dass es bald vorbei sein würde. Oder riefen von vornherein so viel dazwischen, dass Stein gar nicht dazu kam, überhaupt etwas zu Ende zu formulieren und wie eine Flipperkugel zwischen den Einwürfen hin und her geschossen wurde. Stein, der offensichtlich provozieren, Konventionen verletzen wollte, aber anscheinend nicht immer so recht wusste, weshalb eigentlich, der Grenzen überschreiten wollte und dem es dabei egal war, wenn sich auf der anderen Seite des Grenzzauns doch nur Feindesland befand. Der in teils nervtötender Redundanz monatelang dasselbe erzählte, mal mehr, mal weniger geordnet. Der oft keine Jubelstürme aus dem Publikum mehr erntete, sondern eher Entrüstung, Ablehnung, Unverständnis, hasserfüllte Gästebucheinträge – vor der 10-jährigen Jubiläumsveranstaltung, im Backstage der Volksbühne, brachte Jakob Hein es ironisierend auf den Punkt: »Stein, wenn heute am Ende der Vorstellung auch nur ein verdammter Jude, Neger oder Araber noch im Saal sitzt, hast du's vermasselt.« Stein grinste breit. »Politisches Tourret-Syndrom«, hat er selbst einmal bei sich diagnostiziert. Ein über alle Zweifel erhabener Lesebühnenkollege sagte einmal, dass er Stein schon wichtig fände, dass er aber heilfroh sei, keine gemeinsame Veranstaltung mit ihm zu haben.

Und trotz seines immer wieder zu Tage tretenden offenkundigen Irrsinns gab es immer wieder auch den anderen Stein, oft in einem derart schnellen Wechsel während ein und desselben Auftritts, dass man kaum hinterher kam: Der andere Stein, der es verstand, eine schier überbordende Herzenswärme von der Bühne auszustrahlen, der blitzgescheite Überlegungen plötzlich pointiert auf den Punkt bringen konnte, der einen wirklich zu *berühren* vermochte. Und dann gab es natürlich vor allem auch den Stein, der nach der Veranstaltung mit diesem schwer fassbaren, entrückten Lächeln in seinem merkwürdigen Overall an der Theke stand, der sich, wenn man ihm seinen Anteil an der Gage überreichte, in einer demütigen Freundlichkeit bedankte, als habe man für ihn gerade das eigene letzte Hemd zerteilt. Der mir kleine ausgerissene Zettelchen aus *BZ* oder *Bild* mitbrachte, in denen irgendwas über Tiere stand, was er mir zeigen oder wozu er mich etwas fragen wollte. Der in einer inneren Ruhe wie aus sich selbst heraus leuchtend über die Tanzfläche schwebte, selbst wenn er der Einzige dort war.

Nein, Freunde sind wir nicht geworden, Stein und ich, trotz über drei Jahren gemeinsamen wöchentlichen Auftretens, dafür waren wir einfach viel zu weit voneinander entfernt. Und doch wunderte ich mich, als es vorbei war, wie nahe mir das alles ging.

Offenbar nicht nur mir. Am Mittwoch, dem Tag seines Todes, fand ich in den Referrern meines Blogs erste vereinzelte Suchanfragen mit den Begriffen »Stein« und »Lungenkrebs« oder »Stein ist tot«.* Nachdem Lt. Surf von den Surfpoeten die Nachricht per Rundmail verbreitet hatte, wurde es allmählich eine kleine Welle, die sich am Freitag zu einem regelrechten Tsunami steigerte, im Minutentakt schlugen neue Stein-Google-Referrer auf, hinzu kamen Hunderte von über andere Seiten weitergeleitete Leser, am Ende waren es einige tausend, ich hatte längst den Überblick verloren. »Ich glaube, er war bei den Kollegen beliebter als beim Publikum«, schrieb Bov Bjerg, aber so viele Kollegen kann er gar nicht gehabt haben, ganz offensichtlich hat er doch viele Menschen in besonderer Weise beschäftigt, man fahndet ja nicht bei jedem, den man irgendwann mal wo auf der Bühne gesehen hat, per Google nach weiteren Informationen zu seinem Tod. Vielleicht war Stein bei einem großen Teil des Publikums nicht unbedingt beliebt – beeindruckt hat er aber in jedem Fall.

Am genau jenem 24.10.2007, an Steins Todestag, hatte ich meine Buchpremiere. Ausgerechnet an jenem Mittwoch, ausgerechnet im Burger, ausgerechnet ich, der ich

* Für Stein selbst müsste das hier erklärt werden, und so will ich es auch für seine Leser tun: Ein Blog oder Weblog ist eine Art Internet-Tagebuch. Ein solches mit dem Namen »Reptilienfonds« schreibe ich für *die tageszeitung* (*taz*). Darin wies ich auch auf eine Lesung hin, bei der für Steins Krankenhauskosten gesammelt wurde. Und deshalb stießen Menschen, die bei einer Suchmaschine, etwa Google, z.B. die Begriffe »Michael Stein« und »Lungenkrebs« eingegeben hatten, auf dieses Blog. Und wie die Leute auf die Seite gekommen sind, das kann man auf einer speziellen Liste, der Referrer-Liste, sehen.

Stein nicht nah genug stand, um deswegen die Veranstaltung abzusagen oder ganz in sein Gedenken zu stellen, der aber auch nicht entfernt genug war, um einfach darüber hinweggehen zu können. Ich las vor der Pause, denn nach Stein kann ja niemand mehr was machen, einen älteren, langen, traurigen Text über meine Ratlosigkeit angesichts des Krebstodes eines Freundes. Manfred Maurenbrecher sang in die Stille hinein sein altes Lied »Hafencafé«, das er schon in den 80ern, als er noch mit ihm in einer Band war, häufig mit Stein am Bass gespielt hat. Das war sehr schön, sehr rührend. Nach der Pause stieß Sebastian Krämer zu uns, der zuvor noch einen Auftritt hatte. Ich bat ihn auf die Bühne, er setzte sich nichts ahnend ans Klavier und sang sein Lied »Raucher stinken, Raucher sterben früher«. Dieser Moment der Irritation, die kurze Fassungslosigkeit, das Bizarre des Augenblicks ließ den Knoten bei mir platzen. Da hätte Stein auch sein Stein-Grinsen dazu gegrinst, denke ich, das Betretene wich bei mir zumindest für den Rest dieses Abends einem leicht beschwingten Erinnern.

Zwei oder drei Stunden nach der Veranstaltung, längst war die Disco im Burger in vollem Gange, ging ich zum Pinkeln nach hinten und wunderte mich, während ich am Pissoir stand, etwas über eine schluchzende, auf dem Boden kauernde Gestalt direkt in meinen Kniekehlen. Ich bin sonst eigentlich nicht so der große Ansprecher, aber nach diesem Tag, nach diesem Wechselbad der Gefühle, fragte ich ihn einfach, was los sei und ob ich irgendwas für ihn tun könne. Der Junge war vielleicht 18, 19 Jahre alt. Nein, schluchzte er, ich könne nichts für ihn tun, es sei nur so, dass ein guter Freund gestorben sei. Das scheint ja heute in der Luft zu liegen, bemerkte ich, dann erst fiel mir ein, dass es womöglich derselbe Trauerfall sein könnte. Ja, Michael Stein, er habe es gerade erst erfahren, nichts ahnend sei er bei den Surfpoeten gewesen, und dann das, Stein sei eng mit seinem Bruder befreundet gewesen, und ihn habe er oft überall mit hingenommen, ihm sei er fast selbst wie ein großer Bruder gewesen. Er brach in Tränen aus. Ich fragte lieber nicht, *wohin* Stein den Jungen wohl mitgenommen hatte, ich versuchte ihn lieber zu trösten, er fragte nach einer Zigarette. Ich eilte an die Bar und organisierte zwei von irgendwelchen Mitte-Schicksen, die sich kurz empören wollten, aber ich wirkte offenbar entschlossen genug, dass sie sie dann doch rausrückten, samt Feuerzeug. Ich eilte aufs Klo zurück, hockte mich zu dem Jungen auf den Boden, wir rauchten. Eine von geschätzten bisher 20 Zigaretten in meinem Leben geht also auf Stein. Das ist schon ganz richtig so. Danach machte ich mich wieder auf zu den anderen, der Junge blieb noch etwas sitzen und guckte betrunkenen Discogästen beim Pullern zu.

»Ich bin Buddhist, und Sie sind eine Illusion«, war einer von Steins Lieblingssätzen, den ich in meiner Reformbühnenzeit mehrere dutzend Mal von ihm gehört habe. Was immer Stein letztlich auch alles war – es gibt eine Menge Menschen, für die die Welt nun um einige Illusionen ärmer ist.

Und dann kommt der Hammer ...

Letzte Gespräche mit Michael Stein

Bong Boeldicke

Er war scheinbar ein ganz normaler Mittwochabend, aber eben nur scheinbar. Schule bis 21 Uhr 15. Präsentationstraining, Einführungsveranstaltung. Bei der Vorstellungsrunde erzählt eine aufgedonnerte Blondine, dass sie Managerin einer Strip-Agentur sei und im Kurs die Kunst der Selbstdarstellung erlernen wolle. Das klingt gut, denke ich mir, da kann man sicherlich schöne Videos machen, staatlich subventioniert. Normaler Berufsalltag einer pädagogischen Schwuchtel?

Beim Verlassen des Schulgebäudes fallen mir die Surfpoeten ein, und eine innere Stimme, ich nenne sie »Die Unerbittliche«, befielt mir, noch in den Mudd Club zu fahren. Es sei wichtig.

Ich gehe sofort nach hinten. Treffe dort, wie jeden Mittwochabend, auf Stein. Er sitzt da in diesem gleißenden DDR-Ambiente, das mich immer an die ehemalige Grenzübergangsstelle Friedrichstraße erinnert, wo verdächtige Subjekte in brutal hellem Stasilicht verhört und nach »Munition und Schusswaffen« befragt wurden.

Stein raucht Homegrown, was bei mir nicht mehr wirkt, und erwähnt beiläufig, dass er möglicherweise todkrank sei. Danach sein kurzer Auftritt. Er erzählt von sogenanntem Popelkrebs, den man sich holen könne, wenn man unter die Sitzbänke greife. Außerdem habe Tarzan, seit längerem mit offener TBC unterwegs, den ganzen Laden mit TBC-Bakterien infiziert, das Sterben sei also nur noch eine Frage der Zeit.

Backstage dann Klartext. Stein berichtet von einer Untersuchung im Krankenhaus, wo man angeblich einen Tumor in der Lunge gefunden habe. Stein analysiert die Situation, in der das alles passiert ist: überall nur weiß gekleidete Schwestern, keine Pfleger, und zunächst auch kein Text. Statt dessen betroffenes Schweigen. Und das, so Stein, habe sie verraten, da habe er gewusst, was Sache sei. Das spätere Gespräch mit der Ärztin habe diesen Eindruck nur bestätigt.

Stein und ich reden über Buddhismus und Schopenhauer. Wenn man davon ausgeht, dass Leben Leiden ist und man von Anhaftungen gepeinigt wird, dann bedeutet Schopenhauers blinder Wille im Kern, dass man es in seinem Leben ständig mit zwei Feinden zu tun hat: Einmal die böse Außenwelt, die einen mit ihrem Zwang zur Lohnarbeit quält und die man am liebsten vernichten will – mit Lt. Surf: »Gebt mir ein Gewehr!« –, andererseits der Feind, der von innen kommt, also Gedanken, Gefühle, auch Krankheiten, alles Dinge, die man nicht aufhalten kann. Das Ideal wäre natürlich, sich mit dem Feind zu verbünden, man macht einfach gemeinsame Sache, dann ist beiden geholfen und es gibt keinen unnötigen Stress. Die hegelianische Vision von der Synthese, wo alle Gegensätze aufgehoben sind, ein geistiges Nirwana sozusagen.

Stein und ich einigen uns danach darauf, dass Mitleid im Sinne von Nietzsche Scheiße ist, weil eigentlich unnötig und nur als narzisstische Selbstbeweihräucherung zu verstehen. Reicht es nicht, wenn einer leidet, muss das dann auch noch ein anderer tun? Besser sei, so Stein, das Mitgefühl als tiefes Verständnis des Anderen, ohne Egobedürfnisse, ohne narzisstischen Zusatz. Aber das könnte ja keiner von uns Nicht-Buddhisten verstehen, da wir alle noch viel zu sehr in der Egowelt gefangen sind und um unser Selbst tanzen wie um das goldene Kalb. Das seien Anhaftungen, und die müssten weg. Wie einfach wäre doch das Leben, wenn es nur Buddhisten gäbe.

Später geht es um die Show der Surfpoeten, genauer, um die Surfpoetenmafia, wo einige intern regeln, wie lang ein Text zu sein hat und dass ein 10minütiger Vortrag über buddhistische Verhandlungsführung mit BVG-Kontrolleuren unzumutbar sei. Als sich Stein später zu der Behauptung hinreißen lässt, man habe ihm sowieso nie richtig zugehört, muss ich ihm vehement widersprechen. Das sei selbstgerechte Koketterie, sage ich, und damit nichts anderes als eine Anhaftung, von der er sich befreien müsse, zumal sie mit der Realität nichts zu tun habe. Ganz im Gegenteil, aber das ist meine persönliche Meinung. Ich bin ja auch voreingenommener Fan! Und ich höre diese mitunter länglichen Texte natürlich immer ganz anders, weil ich Stein u.a. auch als Gründer der Reformbühne, des Benno-Ohnesorg-Theaters und von Uschi 66, dem Verein für Streitkultur und Unterhaltung, kenne und schätze – natürlich auch vor dem Hintergrund seiner langjährigen Mitgliedschaft in der legendären Senioren-Pop-Band Pille Palle und die Ötterpötter.

Für mich ist Stein in erster Linie der Mann der markigen Sprüche, im Idealfall Bearbeitungen von Statements aus der *Bild*-Zeitung. Dafür habe ich ihn früher im Bergwerk, der ersten Surf-Poeten-Location, immer geliebt. Irgendeine schmuddlige Springernachricht angelesen und dann darauf assoziiert, in seinem lehrreich-komischen, herrlich provokanten Vortagsstil nie versiegend, ständig eine weitere Variante findend.

Meine TOP 3 der amtlichen Stein-Sprüche geht so:

Bronzemedaille: »Kauf kein Koks beim Kanaken«,

immerhin viermal mit Alliteration auf »K«, fast schon Literatur.

Silber: »Ich bin Menschenfreund, ich bin pädophil« – ein Schuss vor den Bug moralisch bemühter Gutmenschen.

Und schließlich der Klassiker, mittlerweile fast ein geflügeltes Wort: »Gewalt ist beschleunigter Dialog.«

Stein ist für mich die Inkarnation des liebenswerten Untergrundkünstlers, der konsequent seinen eigenen, unverwechselbaren Weg gegangen ist, ohne Rücksicht auf sich und auf andere. Um es mit Gang Starr zu sagen, den großen amerikanischen Hip-Hop-Helden aus New York: »Underground will live forever, baby. We're like roaches. Never dying, always living.« Auf deutsch: »Der Untergrund wird ewig leben, Baby. Wir sind wie Küchenschaben. Niemals sterben, immer leben.«

Langsam füllt sich der Backstageraum, besonders dann, wenn Ltd. Surf in den Textpausen seine Musik spielt. Stein macht deutlich, er müsse sich bis zum Montag entscheiden, ob sie seine rechte Körperhälfte nochmals aufschneiden sollen, also wieder Intensivstation, Hilflosigkeit und Krankenhausterror – und ob er sich das noch mal antun wolle. Ahne nennt die Krankheit beim Namen und versucht sich Klarheit zu verschaffen, kommt aber irgendwie nicht weiter. Robert Weber heult und lässt sich von Silvia trösten. Und vom Wodka. Spider argumentiert vehement, Stein solle unbedingt rauskriegen, was es mit der »Scheißfotzendiagnose« auf sich habe, erst dann könne er versuchen, ihm auszureden, dass Mitleid daneben sei.

Ich ziehe mir die ganzen, den Raum durchflutenden Emotionen rein und bin innerlich ganz kalt. Nach dem Krebstod von Ebony Browne im Januar dieses Jahres ist der Hammer wieder unbarmherzig dabei, den Freundeskreis zu zertrümmern – sie ist immerhin die fünfte meiner engen Bezugspersonen, die es nicht geschafft haben, das 40. Lebensjahr zu erreichen. Da hat Stein natürlich kein

Problem mit, aber das ändert nichts an der »Scheißfotzendiagnose«.

Dann, nach einem knapp gehaltenen Gebet gegen den Zwang zur Lohnarbeit, verlässt Stein die Bühne, um sich an die Bar zu stellen. Ahne singt das Abschlusslied und hat, offensichtlich spontan, Lindenbergs »Alkoholmädchen« ausgewählt. Einzelne Zeilen wirken wie Peitschenhiebe, die Situation wird nochmals gespiegelt und drastisch kommentiert. Ich sehe Steins Gesicht im Profil, er zeigt sein stoisches, scheinbar amüsiertes Grinsen, hinter dem sich alles verbergen kann. Mich ergreift eine tiefe Trauer, die Augen werden feucht, das Schluchzen beginnt.

Hinten geht nach der Show das Kampftrinken und Dauerkiffen weiter. Jetzt ist sowieso alles egal. Tube stellt Stein nochmals zur Rede und bietet gleichzeitig eine komplett neue Deutungsvariante an: Er, Stein, solle auf keinen Fall am Montag zur Untersuchung gehen, wenn er sich jetzt noch einigermaßen gut fühle. Weil solche Untersuchungen meistens mit »Scheißfotzendiagnosen« enden, wobei sich die sich selbst erfüllende Prophezeiung immer gegen den Untersuchten richtet, der dann noch schlechter draufkomme, und das sei der Anfang vom Ende. Und außerdem dauere dieses Leben doch sowieso nur ein paar lächerliche Sekunden, und deshalb sei es doch eigentlich egal, wann man stürbe.

Stein freut sich über Tubes Denkanstoß und gelobt, noch einmal alles genau abzuwägen. Dann verabschiedet er sich und will mir die Hand geben. Ich verweigere den Handschlag, drücke ihn fest an mich, wünsche ihm Glück. Und dann ist er weg.

Später spielt Olaf die schönste Musik der Welt, natürlich alles mit geheimen Kommentaren versehen, das Erlebte verarbeitend, um es gleichzeitig weiter zu entwickeln, mitunter zu verfremden. Bei »No, no, no« muss man nicht lange überlegen, auch »Save a little prayer« erschließt sich sofort, die Dialektik von Cashs »When the man comes around« müsste man näher diskutieren und »I feel safe in New York City« kann höchstens allegorisch gemeint sein. Am Ende dann nur noch erlesene Reggaeperlen vom Studio One Label.

Ich sitze mit Spider und Tube hinter dem DJ Pult, geredet wird nicht mehr. Was soll man auch reden, geredet wurde ja schon genug.

Die Autoren:

Ahne, Mitglied der Surfpoeten und der Reformbühne. Veröffentlichungen u.a.: »Ich fang nochmal von vorne an«, »Wie ich einmal die Welt rettete«, »Zwiegespräche mit Gott« und »Was war eigentlich morgen«.

Eva Bertram, 1964 geboren, lebt und arbeitet als freischaffende Künstlerin in Berlin. Zahlreiche Ausstellungen und Publikationen.

Bong Boeldicke, von ihm stammt u.a. »Das Manifest (Version 2008) – Eine Anleitung zum genussvolleren Dasein«, das auf der Homepage der Surfpoeten veröffentlicht wurde. Spielte früher in der Berliner Band »Frustrierte Konsumenten« und veröffentlichte Texte bei den Berliner Fancines *Assasin* und *Reuters*.

Daniela Böhle, geboren 1970, 2001 bis 2006 festes Mitglied der Lesebühne »Reformbühne Heim und Welt«, schreibt u.a. für taz, Tagesspiegel und Salbader. Hörbuch »Französisch-Buchholz« und »Wir waren zuerst da« mit Ahne und Jakob Hein (beide phonomedia); Buch: »Amokanrufbeantworter« (Satyr); Hörspiele: »Messerkids« und »Einkaufsparadies« (SWR).

Wiglaf Droste, 1961 geboren, ist Schriftsteller, Sänger und Vorleser. Er schreibt u.a. eine Hörbuchkolumne für die FR und veröffentlicht im Funk. Gemeinsam mit dem Stuttgarter Meisterkoch Vincent Klink gibt Droste die vierteljährig erscheinende kulinarische Kampfschrift *Häuptling eigener Herd* heraus. Zuletzt erschienen: »Will denn in China gar kein Sack Reis mehr umfallen?«, Berlin 2007.

Jakob Hein, 1971 geboren, lebt seit Anfang 1972 in Berlin. Zahlreiche Veröffentlichungen in Koralle, Fortschritte der Neurologie und Psychiatrie, Strapazin. Tritt jeden Sonntag um 20.15 Uhr in der »Reformbühne Heim & Welt« auf. Zuletzt erschienen: »Der Alltag der Superhelden. Märchen für anders begabte Erwachsene«, Berlin 2008.

Nils Heinrich wohnt in Stuttgart und schreibt seit 2000 Lesebühnentexte und Gitarrenlieder. Mitbegründer der Weddinger »Brauseboys«. Schreibt u.a. für *Titanic* und den *Salbader*. Buchveröffentlichung: »Vitamine sind die Guten«, Berlin 2007.

Falko Hennig, Autor und Bühnenkünstler betreibt das »Radio Hochsee« und ist ständiges Mitglied der »Reformbühne Heim & Welt«. Veröffentlichte u.a. als Hg.: »Volle Pulle Leben. 10 Jahre Reformbühne Heim & Welt«, München 2005.

Barbara Kalender, geb. 1958 in Stockhausen/Hessen. Ab 1981 Mitarbeiterin im März Verlag u. a. Mitherausgeberin der Anthologie »Mammut · März-Texte 1 & 2«. Seit 1990 erscheinen viermal jährlich die Folgen von »Schröder erzählt«. Jörg Schröder erzählt Barbara Kalender, die Tonbandabschrift wird anschließend von beiden Autoren redigiert. Der vorliegende Text ist ein

Auszug aus »Schröder erzählt: Klasse gegen Klasse · Erster Teil«. Informationen zu »Schröder erzählt« jederzeit gern: März Verlag, Wexstraße 29, D-10715 Berlin, E-Mail: maerz-verlag@t-online.de, www.maerz-verlag.de, www.taz.de/blogs/schroederkalender

Manfred Maurenbrecher, 1950 geboren, Liedermacher, Musiker und Autor, der bereits 15 LPs bzw. CDs herausgegeben hat. Arbeitet für den Rundfunk, ist häufig Gast auf den Berliner Lesebühnen und Mitglied des »Mittwochsfazit«. Im Herbst erscheint sein erster Roman: »Ich bin nicht da.«

Klaus Nothnagel, geboren 1955, lebt seit 1977 in Berlin. Arbeitet als Kulturjournalist für zahlreiche Zeitungen und den Rundfunk. 1989 bis 1991 Mitwirkung bei der »Höhnenden Wochenschau«.

Dan Richter ist Autor bei den Lesebühnen »Chaussee der Enthusiasten« und »Kantinenlesen«. Improvisationsschauspieler bei »Foxy Freestyle«.

Jörg Schröder, geb. 1938 in Berlin, gründete 1969 den MÄRZ Verlag, entwarf das gelb-rot-schwarze Erscheinungsbild und leitete den Verlag bis zur Schließung im Jahr 1987. Veröffentlichungen: »Siegfried« (1972, mit Ernst Herhaus), »Cosmic« (1982, mit Uwe Nettelbeck). Herausgaben: Bernward Vesper, »Die Reise« (1977), Peter Kuper, »Hamlet« (1980), »MÄRZ-Mammut« (1984). Gestaltung mit Ralf-Rainer Rygulla und Rolf Dieter Brinkmann: »ACID. Neue amerikanische Szene« (1969). Fernseharbeiten: Drehbuch zu »Immobilien« (1973, mit Otto Jägersberg), »Die-März-Akte« (mit Barbara Kalender und Horst Tomayer, Regie: Peter Gehrig, Adolf-Grimme-Preis 1986). Seit 1990 erscheinen viermal jährlich die Folgen von »Schröder erzählt«. Jörg Schröder erzählt Barbara Kalender, die Tonbandabschrift wird anschließend von beiden Autoren redigiert. Der vorliegende Text ist ein Auszug aus »Klasse gegen Klasse · Erster Teil«. Informationen zur »Schröder erzählt« jederzeit gern: März Desktop Verlag, Wexstraße 29, D-10715 Berlin, E-Mail: maerz-verlag@t-online.de, www.maerz-verlag.de, www.taz.de/blogs/schroederkalender

Dr. Seltsam, Mitbegründer der legendären »Höhnenden Wochenschau«. Betreibt »Dr. Seltsams Frühschoppen«

Heiko Werning, geboren 1970, wohnt seit 1991 in Berlin-Wedding, ist Reptilienforscher, Froschbeschützer, Schriftsteller und Liedermacher. Er liest seine Texte regelmäßig bei der Berliner »Reformbühne Heim & Welt« und den agilen Weddinger »Brauseboys« vor. Buchveröffentlichung: »In Bed with Buddha«, Berlin 2007.

Kriminalhörspiel auf CD

Pointer und die Herren im Dunkeln

von Michael Stein

Pointer, der unbezwingbare Held dieser Geschichte, sitzt in seinem Kreuzberger Wohnbüro mit Pißbecken und Kaltwasserboiler und will sich gerade noch einen Whisky nachgießen, als plötzlich eine atemberaubende Blondine durch den Türrahmen schwebt: Luzie. Sie bittet ihn um die Aufklärung eines reichlich mysteriösen Anschlags, dessen Opfer sie beinah wurde. Und Pointer, ein Kerl wie sich Frauen ihn wünschen, lässt sich nicht lange bitten. Zumal Luzie mit einer ziemlich delikaten Honorierung winkt...

Doch die Suche nach den mysteriösen »Sinn-Killern« führt Pointer auf unvorgesehene Weise ins undurchdringliche Gestrüpp politischer Machenschaften und Intrigen. Ein unaufgeklärter Mord noch aus Hausbesetzerzeiten tritt dabei zu Tage, ebenso wie die düsteren Pläne des Herrn Tummler, einer bekannten und nicht minder zwielichtigen Persönlichkeit in der Berliner Stadtlandschaft.

»Pointer und die Herren im Dunkeln«: ein Actionkrimi aus dem Kreuzberger Szene Milieu der Vorwendezeit – angesiedelt zwischen sozialer Revolte und autonomer Subkultur, zwischen Rollkommando und Randale. Und bei gutem Wetter war natürlich Krawall angesagt...

»Pointer und die Herren im Dunkeln« wurde von der Jury der Deutschen Akademie der Darstellenden Künste zum »Hörspiel des Monats Oktober 1988« gewählt.

Pointer .... Thomas Ahrens
Luzie................................. Petra Zieser
Bruno................................ Toni Slama
Maier .... Fritz Eggert
Hotte................................. Dietrich Lehmann
Koenigmann .... Otto Sander
Tummler........................... Erich Schwarz
Fritz .... Herbert Weißbach
Typ .... Jockel Tschiersch
Passantin.......................... Vera Kluth u.a.

Regie: Bernd Lau
Redaktion und Dramaturgie: Regine Ahrem
Produktion: SFB/WDR/NDR 1988
Länge: 55'27 stereo

Mit freundlicher Genehmigung des rbb